本研究得到国家自然科学基金面上项目（项目编号：71573170、71573050）和复旦大学理论经济学I类高峰计划项目（2017）的资助。

Foreign Exchange
Reserves Optimal
Management

外汇储备优化管理

周光友 罗素梅 著

北京大学出版社
PEKING UNIVERSITY PRESS

图书在版编目(CIP)数据

外汇储备优化管理/周光友,罗素梅著. —北京:北京大学出版社,2018.11
ISBN 978-7-301-30018-3

Ⅰ.①外… Ⅱ.①周… Ⅲ.①外汇储备—外汇管理—研究—中国 Ⅳ.①F822.2

中国版本图书馆 CIP 数据核字(2018)第 247085 号

书　　　名	外汇储备优化管理 WAIHUI CHUBEI YOUHUA GUANLI
著作责任者	周光友　罗素梅　著
责 任 编 辑	杨丽明
标 准 书 号	ISBN 978-7-301-30018-3
出 版 发 行	北京大学出版社
地　　　址	北京市海淀区成府路 205 号　100871
网　　　址	http://www.pup.cn
电 子 信 箱	sdyy_2005@126.com
新 浪 微 博	@北京大学出版社
电　　　话	邮购部 010-62752015　发行部 010-62750672 编辑部 021-62071998
印 刷 者	河北滦县鑫华书刊印刷厂
经 销 者	新华书店
	730 毫米×980 毫米　16 开本　14.25 印张　223 千字 2018 年 11 月第 1 版　2018 年 11 月第 1 次印刷
定　　　价	56.00 元

未经许可,不得以任何方式复制或抄袭本书之部分或全部内容。
版权所有,侵权必究
举报电话: 010-62752024　电子信箱: fd@pup.pku.edu.cn
图书如有印装质量问题,请与出版部联系,电话: 010-62756370

内 容 摘 要

近年来,随着我国外汇储备的快速增加,高额外汇储备的管理问题引起了政府和学界的广泛关注。充足的外汇储备在稳定汇率、抵御金融风险等方面发挥了不可替代的作用,但过多的外汇储备不仅会增加持有成本,甚至会威胁我国的经济金融安全。本研究以金融安全和国家利益为视角,研究外汇储备的多目标优化管理问题。首先,分析我国高额外汇储备的可持续性决定机制和影响因素,探寻决定外汇储备变化的短期和长期因素。其次,从实际需求的角度对外汇储备进行多层次划分和测度,测算出外汇储备的交易性规模和投资性规模。再次,对外汇储备资产进行多目标结构优化及动态投资组合。最后,得出主要研究结论并提出相应的政策建议。

本书的主要研究结论包括:

(1) 我国高额外汇储备长期内不可持续

理论分析表明,决定我国高额外汇储备的主要因素有出口总额、外商直接投资、人民币汇率和人民币利率,而可持续性的决定机制包括出口导向机制、长期利益分享机制和短期套利机制。实证结果显示,出口是影响外汇储备可持续性直接的、短期的因素,外商直接投资和人民币汇率是外汇储备长期变动的决定因素,而人民币利率既是短期因素又是长期因素。但从长期看,我国经常项目和资本金融项目的双顺差会减少,相应的外汇储备规模也会下降。

(2) 各层次外汇储备之间存在明显的替代效应

研究发现,当外汇储备规模能同时满足两个或两个以上层次的外汇储备需求时,由于上一层次的外汇储备可以作为下一层次的"保证",此时下一层次外汇储备的需求要比外汇储备只能满足本层次需求时少。因此,当外汇储备充足时,各层次外汇储备之间存在明显的替代效应,而这种效应主要体现在上一层次对下一层次的替代上。正是由于这种替代效应的存在,外汇储备的最优规模必然小于静态规模,因此,外汇储备的最优规模并非是各层次外汇储备需求的简单加总,而应充分考虑这种替代效应。测算结果也表明,我国当前的外汇储备明显过剩。

(3) 美元在交易性储备中的重要地位难以撼动,货币性存款和货币市场基金应是交易性储备的主要持有形式

交易性外汇储备最优币种结构的决定因素是进口贸易、外债支付、外商直接投资(FDI)、汇率稳定以及预防性审慎动机。采用大量国内外实际数据的估计结果表明,交易性外汇储备资产的最优币种权重分别为美元 69.28%,欧元 17.54%,日元 10.26%,英镑 2.92%。可见,在我国交易性外汇储备币种结构中,美元具有举足轻重的地位。而对交易性外汇储备的资产结构优化结果表明,货币性存款和货币市场基金应该成为当前我国交易性外汇储备资产的主要持有形式。

(4) 我国的外汇储备应主要用于维护国家金融安全和实现国家利益

在上文研究的基础上,进一步将外汇储备界定为金融安全储备和国家利益储备两大模块,并分别对它们进行优化管理。前者主要用于满足国家金融安全的需求,而后者主要用于支持国家发展战略,实现国家经济利益和战略利益目标。研究表明,65%左右的外汇储备配置为无风险资产或低风险资产,以实现维护国家金融安全的目标。而另外35%左右的外汇储备可通过成立各种主权财富基金(如成立"丝路基金"、储蓄基金、发展基金)等方式来实现国家的战略利益和经济利益。因此,在我国经济新常态下,外汇储备作为国家金融资产,应支持"一带一路"等国家发展战略,保障国家金融安全和实现国家利益目标。

Abstract

In recent years, with the rapid growth of China's high foreign exchange reserves, the management of the reserves has caused extensive concern of the government and academia. Sufficient foreign exchange reserves play an indispensable role in stabilizing exchange rate and resisting financial risks. But excessive foreign exchange reserves not only increase the holding cost but also threaten the security of China's economy and finance. This research studies multi-objective optimization management of China's high foreign exchange reserves from financial security and national interests. First, the study analyzes the determining mechanism and factors of the sustainability of China's high foreign exchange reserves and explores short-term and long-term factors that determine the change of foreign exchange reserves. Second, the article does multi-layer division and measurement on foreign exchange reserves from the point of actual demands and has calculated the transaction and investment scale of foreign exchange reserves. Third, the study optimizes the multi-objective structure and combines dynamic investment of foreign exchange reserves. Finally, it comes up with main conclusions and offers corresponding policy recommendations.

The main conclusions of the study are:

(1) China's high foreign exchange reserves are unsustainable in the long run

Theoretical analysis indicates that the main factors in determining China's high foreign exchange reserves are gross export, foreign direct investment (FDI), RMB exchange rate and RMB interest rate. However, the determining mechanisms of sustainability are export-oriented mechanism, long-term benefits sharing system and short-time arbitrage mechanism. Empirical results reveal that export has direct and short-term influence on the sustainability of foreign exchange reserves. Foreign direct interest and RMB exchange rate are determining factors of long-term variation of foreign exchange reserves. And RMB interest rate is both short-term and long-term factor. But in the long run the twin surplus of China's current account and capital and financial account will decrease. And accordingly, the scale of foreign exchange reserves will drop as well.

(2) Obvious substitution effects exist among foreign exchange reserves at all levels

Research shows that when the scale of foreign exchange reserves can suffice at least two layers of foreign exchange reserves demands, the demand of foreign exchange reserves at a lower layer is less than the one when foreign exchange reserves can only satisfy its own demand, because foreign exchange reserves from the upper layer can be a "warranty" of the lower one. Therefore, as the foreign exchange reserves are abundant, there is an obvious substitution effect between foreign exchange reserves at every level while this effect mainly manifests in the substitution of an upper layer for a lower one. It is because of the existing substitution effect that the optimal scale of foreign exchange reserves will be smaller than the static scale. So the optimal scale of foreign exchange reserves is not the simple sum of demands of foreign exchange reserves at all levels. Instead, the substitution effect should be fully considered. Measurement results also suggest that there is evident surplus of China's current foreign exchange reserves.

(3) The important position of the U. S currency in reserves held for trading can't be replaced; monetary deposits and Money Market Fund (MMF) should be the main form of reserves held for trading

The determinant factors of the optimal currency structure of foreign exchange reserves held for trading are import, external debts payment, foreign direct investment (FDI), exchange stability and preventive prudential motivation. Estimates based on massive actual data in China and abroad show that the optimal weights of currency for foreign exchange reserves held for trading is dollar accounting for 69.28%, Euro for 17.54%, yen for 10.26%, pound for 2.92%. It can be seen clearly that dollar occupies a decisive position in China's currency structure of foreign exchange reserves held for trading. And the result of optimization of assets structure of foreign exchange reserves held for trading indicates that monetary deposits and Money Market Fund (MMF) should be the main form of China's foreign exchange reserves held for trading.

(4) China's foreign exchange reserves should be mainly used for state security and national interest

Based on the research above, this article further defines foreign exchange reserves as two parts: financial security reserves and national interest reserves and they should be managed respectively. The former is mainly for satisfying the demand of state financial security while the latter is primarily for supporting national development strategy and achieving national economic and strategic goals. Research shows that about 65% of foreign exchange reserves should be configured as risk-free assets or low-risk assets to safeguard the state financial safety. And most foreign exchange reserves (about 35%) can be used to realize national strategic and economic interests by setting up sovereign debt funds such as "Silk Road Fund", saving fund and development fund. Therefore, in China's "new normal" economy foreign exchange reserves, as national financial assets, should support national development strategy like "the Belt and Road" (B&R) and guarantee the goals of state financial security and national interest.

目　　录

第1章　绪论 ………………………………………………（1）
　1.1　研究背景与意义 ………………………………………（1）
　1.2　研究内容 ………………………………………………（3）
　1.3　拟解决的关键科学问题 ………………………………（11）
　1.4　研究思路 ………………………………………………（12）
　1.5　研究方法 ………………………………………………（15）
　1.6　本书的创新 ……………………………………………（16）

第2章　文献综述 …………………………………………（20）
　2.1　外汇储备适度规模的测度 ……………………………（20）
　2.2　外汇储备的币种结构优化 ……………………………（24）
　2.3　外汇储备的资产结构优化及投资组合 ………………（28）
　2.4　外汇储备风险管理的研究 ……………………………（32）
　2.5　对已有研究的评价 ……………………………………（35）

2.6　本书的工作 …………………………………………（36）

第3章　高额外汇储备的可持续性及决定机制 …………（38）
　3.1　引言 …………………………………………………（38）
　3.2　外汇储备可持续性的决定机制及影响因素 ………（42）
　3.3　数据与变量 …………………………………………（54）
　3.4　实证分析 ……………………………………………（58）
　3.5　本章总结 ……………………………………………（69）

第4章　外汇储备的多层次需求与最优规模 ……………（71）
　4.1　引言 …………………………………………………（71）
　4.2　外汇储备的多层次需求 ……………………………（77）
　4.3　理论模型 ……………………………………………（81）
　4.4　实证检验 ……………………………………………（92）
　4.5　外汇储备规模的测度及动态模拟 ………………（105）
　4.6　本章总结 …………………………………………（110）

第5章　交易性外汇储备资产的多目标优化 …………（113）
　5.1　引言 ………………………………………………（113）
　5.2　理论分析 …………………………………………（116）
　5.3　最优币种结构的估计 ……………………………（120）
　5.4　外汇储备的资产结构优化 ………………………（130）

5.5 本章总结 …………………………………………………（146）

第6章 投资性外汇储备资产的多目标优化 ……………（148）
6.1 引言 ………………………………………………………（148）
6.2 外汇储备的多层次需求与功能演变 ……………………（153）
6.3 理论模型 …………………………………………………（159）
6.4 数值模拟 …………………………………………………（175）
6.5 本章总结 …………………………………………………（181）

第7章 外汇储备风险管理策略及建议 ……………………（185）
7.1 外汇储备多目标、多层次风险管理策略体系 …………（185）
7.2 结论及政策建议 …………………………………………（189）

参考文献 ………………………………………………………（196）

第 1 章 绪 论

1.1 研究背景与意义

中国人民银行发布的最新数据显示,截至 2017 年底,我国外汇储备余额达 3.13 万亿美元,虽然近两年来有所下滑,但仍稳居世界各国之首。毫无疑问,充足的外汇储备在抵御金融风险、调节国际收支平衡、稳定汇率以及提高我国国际信誉等方面发挥着不可替代的作用。但外汇储备并非多多益善,相反,持有过多的外汇储备不仅会增加持有成本,而且会使我国经济面临较高的宏微观风险,甚至威胁经济金融安全。特别是在近年来国际金融危机爆发频率越来越高、传染性越来越强且传染途径越来越复杂,我国持有巨额外汇储备并且面临较高风险的背景下,如何在保证外汇储备基本需求的同时,充分发挥外汇储备维护金融安全和国家利益的特殊作用,科学合理地对外汇储备进行多目标优化和动态投资组合,提高外汇储备使用效率,实现外汇储备的保值增值和国家利益就显得非常重要。

随着我国外汇储备的快速增加,巨额外汇储备的管理问题引起了国家的高度重视。围绕如何科学合理地管理外汇储备,提高外汇储备使用效益,政府和学界进行了激烈的讨论和不断的探索。2009年,我国成立了第一个专门进行主权财富基金投资管理的公司(中国国际投资公司),将部分外汇储备用于海外投资。2012年,时任中国人民银行行长周小川指出:"探索和拓展外汇储备多层次使用渠道和方式,完善外汇储备经营管理体制机制,稳步推进多元化投资,更好实现外汇储备安全、流动和保值增值的目标。"2013年,中国人民银行出台了《关于金融支持中国(上海)自由贸易试验区建设的意见》,其中明确提出了外汇管理改革是自贸区金融开放的重要内容之一。2014年,李克强总理指出:"比较多的外汇储备已经是我们很大的负担,因为它要变成本国的基础货币,会影响通货膨胀。""外汇储备与其买他国国债不如支持装备出口。"十八届三中全会正式确定为国家战略之一的"一带一路"战略为外汇储备的运用提供了良好的契机。2014年,习近平总书记倡导建立的金砖国家开发银行和外汇储备库也为外汇储备的应用提供了新途径。通过不断的探讨和摸索,我国于2014年"金十条"改革方案中首次提出"创新外汇储备运用",陆续推动成立了丝路基金、金砖国家开发银行和亚洲基础设施投资银行,通过国家战略和经济政策等方式为外汇储备探索新的使用方向和投资策略。

然而,我国的高额外汇储备是否可持续?如何科学合理地测算外汇储备适度规模?如何对外汇储备资产进行多目标优化和动态投资组合?如何发挥外汇储备在维护金融安全中的特殊作用?如何在对外汇储备的积极管理中实现国家财富的效用最大化?……这一系列问题对理论界来说可谓众说纷纭,莫衷一是,许多问题仍是外汇储备管理中悬而未决且不可回避的难题。

本书认为,对外汇储备进行多层次划分是外汇储备管理的前提,科学合理地确定适度规模是外汇储备管理的基础,对外汇储备资产进行多目标优化和动态投资组合是外汇储备管理的重要手段,构建外汇储备资产的风险管理体系是外汇储备管理的有力保障,而实现外汇储备的保值增值是外汇储备管理的最终目标。因此,外汇储备适度规模的确定、资产结构优化、动态投资组合及风险管理体系的构建是一个密不可分的系统,我们只有重视其中的每一项,才能对外汇储备进行有效的管理。特别是对于持有巨额外汇储备的我国来说,如何合理划分外汇储备的多层次需求,科学测度外汇储备适度规模,对外汇储备各层次资产进行多目标优化及动态投资组合,并在此基础上建立外汇储备风险管理体系,最终实现外汇储备保值增值的目标,从而对外汇储备进行多目标的、动态的、系统的管理,这不仅有利于充分发挥外汇储备维护金融安全的特殊作用,而且也可降低外汇储备的持有风险,并实现其保值增值的目标和国家利益的最大化。所以,对此问题的研究具有非常重要的理论和现实意义。

1.2 研究内容

本书以提出问题、分析问题和解决问题为线索,以金融安全和国家利益为视角,以防范和化解我国外汇储备的持有风险,使其保值增值,实现国家金融安全及国家利益为最终目的,通过宏观金融问题寻找微观金融基础,在主要用微观金融工具和方法分析问题的基础上,为宏观金融决策提供支持。

首先,分析外汇储备可持续性的决定机制和影响因素,探寻决定外汇储备的短期和长期因素。其次,对外汇储备需求进行多层次划分,测算出外汇储备的交易性规模和投资性规模。再次,对外汇储备资产进行多目标结构优化及动态投资组合。最后,构建我国外汇储备资产管理的策略体系,并提出相关的政策建议,进而将多层次的、动态的、系统的管理思想贯穿于外汇储备资产风险管理的始终。本书的研究内容主要有以下几个部分:

1.2.1 外汇储备的来源结构及可持续性分析

通过构建外汇储备决定机制的理论分析框架,分析外汇储备变化的决定机制、影响因素和内在机理,选择我国相关数据和变量,通过构建 VAR 模型和各种计量检验,刻画各因素与外汇储备之间的相关性,分解各因素对外汇储备规模的贡献度,从而识别决定外汇储备的短期和长期因素。主要从以下几个方面展开:

(1) 外汇储备可持续性的决定机制

从表面上看,经常项目和资本金融项目的"双顺差"是形成我国高额外汇储备的最直接原因,但这种积累并非偶然,其快速增长的背后有着深层次原因。为了深入分析外汇储备的可持续性问题,需要进一步剖析外汇储备变化的决定机制。在此,我们认为我国外汇储备变化的决定机制主要有出口导向机制、长期利益分享机制和短期套利机制三种。

(2) 外汇储备可持续性的影响因素分析

影响外汇储备可持续的因素很多,但主要有以下几个:一是经济增长方式转变的影响,即由出口导向型向内需拉动型经济增长模式的转变带来的影响;二是人民币汇率形成机制与人民币国际化的影响;三是利率波动的影响;四是国际经济环境的影响,主要包括外商直接投资(FDI)和热钱快速进出我国对外汇储备的影响。

(3) 实证分析

本书选取1994年至2017年24年的年度数据,选择外汇储备规模作为因变量,选择出口总额、外商直接投资、人民币汇率及人民币利率作为自变量,研究它们对外汇储备规模变化的影响。同时,建立VAR模型,通过Granger因果关系检验、脉冲响应和方差分解,刻画出各影响因素与外汇储备规模变化以及可持续性之间的相互关系。

1.2.2 外汇储备的多层次需求及规模测度

此部分是本研究的前提和基础,从以下三个方面展开:

(1) 外汇储备资产的多层次划分

如果从货币现象上看,公众持有货币和一国持有外汇储备都是为了满足各自的需要,与货币的需求一样,外汇储备的需求规模也取决于一国对其他国家货币的需求,因此,我们可用凯恩斯的货币需求理论来解释一国对他国货币的需求。本书尝试性地将凯恩斯的货币需求理论引入外汇储备的需求分析,并将外汇储备按需求的程度划分为商品交易需求、金融交易需求、投资盈利需求以及国家发展战略需求等不同层次。其中将商品交易需求和金融交易需求视为满足一国日常需要的外汇储备需求,它是一种"刚性"需求,并将其作为一国的交易性外汇储备需求;而将投资盈利需求和国家发展战略需求视为"投资性"需求,并将其作为一国的投资性外汇储备需求。

(2) 构建交易性外汇储备规模决定的理论模型

将交易性外汇储备需求进一步划分为商品进口需求、偿还外债需求、FDI 利润回流需求、维持汇率稳定需求和保证金融安全需求，通过分析各需求层次之间的相互关系，探寻它们之间的替代关系，揭示各层次需求之间的替代效应。替代效应的存在可将外汇储备划分为静态规模和动态规模，并将静态规模和动态规模分别作为外汇储备需求的上限和下限，进而得出外汇储备规模的适度区间，从而构建基于多层次替代效应的决定外汇储备交易性规模的理论模型。

(3) 交易性外汇储备和投资性外汇储备的规模测度

根据所建立的理论模型，结合我国的相关数据，对我国的外汇储备规模进行动态模拟和测度，得出外汇储备静态规模（上限）和动态规模（下限），并将动态规模作为我国的适度规模，进而推算出投资性外汇储备规模，为外汇储备资产的多目标结构优化和动态投资组合打下基础。

1.2.3 交易性外汇储备的多目标结构优化

本书将交易性外汇储备资产视为无风险或低风险资产，在充分考虑交易性外汇储备满足一国"刚性"需求的功能和特性基础上，提出交易性外汇储备资产结构优化应采取以安全性、流动性为主的稳健管理模式，并将多层次、系统的管理思想融入交易性外汇储备资产的多目标结构优化中；同时认为交易性外汇储备的结构优化应包括币种结构优化和资产结构优化两个方面，而且应将二者进行有机结合。

(1) 交易性外汇储备的币种结构优化

一国对交易性外汇储备的币种需求也就是该国对于满足对外交

易的持币需求,而影响外汇储备需求规模的因素有很多同时也是决定币种结构的因素,因此外汇储备规模需求与币种结构需求之间有很大的相通性。因此,部分规模决定因素可继续用于币种结构影响因素的分析。在此,我们在对杜利模型进行改进和拓展的基础上,构建基于多层次需求的交易性储备最优币种结构决定理论模型,并尝试性地将层次分析法(AHP模型)引入交易性外汇储备最优币种选择的理论分析框架,将币种结构优化作为目标层,将货币地位、支付结构、金融安全及汇率安排作为准则层,将美元、欧元、日元和英镑作为方案层,建立基于多层次需求的交易性外汇储备币种结构优化AHP模型。通过构造各层次判断矩阵,对一致性进行检验,求解AHP模型,同时结合实际数据测算出我国交易性外汇储备的最优币种权重。

(2) 交易性外汇储备的资产结构优化

我们认为,币种结构优化和资产结构优化不但是实现交易性外汇储备资产优化配置目标的两个子目标,同时也是实现这一目标不可分割的两个方面。为此,在我国交易性外汇储备的币种结构已经确定的基础上,再建立改进和拓展的资产结构优化AHP模型。但在币种结构分析中建立的AHP模型和资产结构分析中建立的AHP模型既有一脉相承的体系,又有重要的改进和拓展。其体系的传承性主要表现在两个方面:一是两个层次结构模型的最终目标是一致的,即实现我国交易性外汇储备资产的结构优化。二是货币结构层次模型的方案层将作为资产结构层次模型的准则层,且第一个模型的计算结果即各币种的权重将直接作为第二个模型的准则层权向量。因此,为了充分体现储备资产优化配置的多层次特征,我们在币种结构权重已经确定的基础上,构建交易性外汇储备资产结构优化的 AHP 模型,并引入 MV 模型求解 AHP 模型,最终测算出资产结构权重。

(3)交易性外汇储备资产优化配置的实现

对交易性外汇储备的币种结构及资产结构优化结果进行综合分析,并引入本书已经测度出的历年交易性外汇储备规模数据,进一步测算出历年我国交易性外汇储备最优币种结构下各资产的具体规模,以及最优资产结构下各币种的具体持有数量,实现交易性外汇储备资产的多层次、多目标优化配置,为我国交易性外汇储备资产的投资管理部门提供较为明确具体的参考依据。

1.2.4 投资性外汇储备资产的多目标动态投资组合

在我国持有巨额外汇储备并面临不断贬值风险的背景下,如何对投资性外汇储备资产进行积极的投资管理,并实现其收益最大化是本书研究的重点内容之一。本书在将外汇储备划分为交易性储备需求和投资性储备需求两大层次的基础上,再将用于满足"投资性"需求的外汇储备进一步划分为营利性投资需求和战略性投资需求,并在资产选择过程中考虑这些需求。因此,在投资性外汇储备资产优化配置中,应以追求资产的收益性为主,同时考虑国家发展战略,实行积极投资管理模式,进行"长期性、战略性和高回报"的全球分散化组合投资,从而实现投资性外汇储备资产的多目标动态优化配置。为此,本书以我国经济转型和持有高额外汇储备并面临不断贬值为背景,以金融安全和国家利益为视角,尝试性地引入安全第一准则,构建基于金融安全的外汇储备最优化配置模型,求解出外汇储备的金融安全规模和国家利益规模,并对其进行优化配置。同时揭示外汇储备与金融安全和国家利益之间的相互关系和内在逻辑,旨在为我国外汇储备管理提供新思路。

(1) 构建基于安全第一的多目标优化投资组合模型

目前,理论界关于外汇储备结构优化的研究主要采用资产组合理论 MV 模型,在考虑中央银行特殊需要的各种约束条件下,以组合方差最小和预期收入最大作为组合目标来计算最优的外汇储备构成。但 MV 模型侧重收益—风险均值—方差分析,没有充分考虑外汇储备的安全性和流动性因素。其中,安全性应是最重要的考虑因素。预期价值的大小考虑的是投资者的心理满足程度,而在外汇储备这一特定资产投资管理方面,如何使储备水平低于警戒值的概率最小才是管理者首要关注的,其次才是收益。Ben-Bassat & Gottlieb (1992) 中的模型考虑了一国耗尽外汇储备,发生主权违约会导致的经济混乱和失败后果。应用于外汇储备管理中,管理当局最希望的是避免可能的经济混乱和失败,可以想见其直接和显性的社会成本是巨大的,更不必说由此造成的长远的隐性的负面影响,是没办法进行准确估计的。因此将安全第一准则应用于外汇储备管理中可以让管理当局从可能的经济损失计算中解脱出来,集中于如何避免灾难状况的发生。基于此,本书尝试性地将安全第一准则引入外汇储备管理的分析框架,构建了基于安全第一的外汇储备最优化模型,并求解出外汇储备的金融安全规模和国家利益规模,为外汇储备管理提供新思路。

（2）模型求解和数值模拟

在构建上述最优化理论模型的基础上，对模型进行求解和数值模拟。将构成金融安全储备的货币类资产看成是无风险资产。货币类资产的风险主要为汇率风险，但考虑到金融安全储备中的资产均为短期流动性资产，且在考察期内不断被消耗和补充，汇率更新频繁，且中央银行可以通过掉期等协议固定汇率，消除汇率风险，由此可以合理假设金融安全储备中的货币类资产为无风险资产。首先，对托管基金的有效边界进行数值模拟，由于我国持有的美元储备资产包括国债、机构债、公司债和股票四种类型，因此本书分别计算这四类资产的收益率；其次，对总模型的各参数选取代表变量并进行数据处理；最后，通过 Matlab 软件求解出投资性外汇储备的最优投资组合。

（3）投资性外汇储备的动态投资组合

根据对多目标模型的求解结果，即最优的投资性外汇储备资产组合权重，再结合本书测度出的我国近年投资性外汇储备规模数据，可进一步计算出最优资产组合下各种资产的具体投资数量，并得到历年投资性外汇储备的最优投资组合，为我国相关投资管理部门进行投资性外汇储备资产的全球投资组合提供明确具体的参考依据。

1.2.5　结论及建议

总结全书，得出主要结论，并提出我国外汇储备多目标优化管理的相关政策建议。

1.3 拟解决的关键科学问题

(1) 外汇储备需求层次的划分及最优规模的测度

将凯恩斯的货币需求理论引入外汇储备多层次需求的分析中，把外汇储备划分为不同的需求层次，构建基于多层次替代效应的外汇储备最优规模动态决定理论模型，运用基于预防性审慎动机的最优化数量方法和多层次模糊决策方法，结合我国实际数据，测度出外汇储备的交易性规模和投资性规模，为外汇储备规模的测度提供新的思路。

(2) 实现币种结构优化和资产结构优化的有机结合

通过建立基于多层次需求的交易性外汇储备币种结构优化的 AHP 模型，测算出交易性外汇储备的最优币种权重。在币种结构确定的基础上再建立改进的资产结构优化 AHP 模型，并利用 MV 模型求解出交易性外汇储备的资产权重，从而实现币种结构和资产结构优化的有机结合，试图克服已有研究大多只停留在币种结构优化上的缺陷。

(3) 对投资性外汇储备资产进行多目标优化和动态投资组合

在将外汇储备划分为交易性储备需求和投资性储备需求两大层次的基础上，再进一步将投资性储备划分为金融安全储备和国家利益储备；尝试性地将安全第一准则引入外汇储备管理的分析框架，构建基于安全第一的外汇储备最优化模型；并运用 Matlab 软件和 C++ 编程语言对目标模型进行求解，得出投资性外汇储备最优的资产组合权重;同时,进一步计算出具体的投资组合,从而实现多目标体系下我国投资性外汇储备资产的动态优化配置。

(4) 将多层次的、动态的和系统的管理思想融入外汇储备风险管理的整个过程

在我国持有巨额外汇储备并面临不断贬值风险的背景下,将外汇储备资产视为国家特殊的金融资产。以多层次需求为前提,规模决定为基础,多目标结构优化及动态投资组合为手段,多层次风险管理体系构建为保证,将各个环节构成一个密不可分的整体,从而将多层次的、动态的、系统的管理思想贯穿于外汇储备资产风险管理的始终。

1.4 研究思路

本书以提出问题、分析问题和解决问题为线索,以金融安全和国家利益为视角,以防范和化解我国外汇储备的持有风险和使其保值增值为最终目的,通过宏观金融问题寻找微观金融基础,在主要用微观金融工具和方法分析问题的基础上,为宏观金融决策提供支持。

首先,分析我国高额外汇储备的可持续性及决定机制,探寻高额外汇储备的来源结构和影响因素。其次,对外汇储备需求进行多层次划分,测算出外汇储备的交易性规模和投资性规模。再次,对外汇储备资产进行多目标结构优化及动态投资组合。最后,构建我国外汇储备管理的策略体系,并提出相关的政策建议,进而将多层次的、动态的、系统的管理思想贯穿于外汇储备资产多目标优化过程的始终。

本书总体的研究思路如图1.1所示：

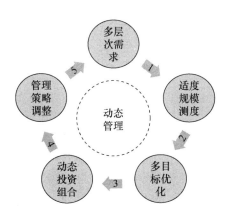

图 1.1　外汇储备动态管理系统

从图1.1可看出，外汇储备的管理划分为多层次需求、规模测算、结构优化、投资组合以及策略调整几个阶段。其中，外汇储备需求的多层次划分是外汇储备资产优化配置的前提和起点，规模测算是基础，结构优化和动态投资组合是手段，多层次风险管理体系的构建是保障。因此，对外汇储备资产的优化配置应以外汇储备的多层次划分为起点，在确定交易性和投资性规模的基础上，通过对外汇储备资产的结构优化和动态投资组合，提出新的风险管理策略，并依据新的投资策略对外汇储备进行管理，从而又回到了外汇储备管理的起点。但这个过程并非是简单的重复，正是这样的过程使外汇储备的管理通过不断的动态循环实现不断优化和升级。因此，外汇储备的多目标优化是一个多层次的、系统的、动态的、循环的过程。

本书的研究框架如图1.2所示：

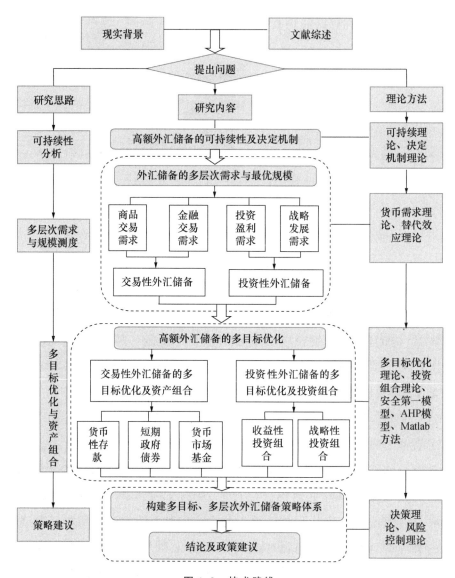

图 1.2 技术路线

1.5 研究方法

本书拟采用货币供给与需求理论、现代投资组合理论以及金融风险管理理论等理论方法定性研究外汇储备的风险管理,并采用定量方法研究外汇储备最优规模、最优币种结构以及投资组合的决定因素,从而检验理论模型的可靠性;同时运用基于多目标的动态投资组合模型和风险度量方法对外汇储备资产进行多层次优化配置;此外,还将系统分析法、比较分析法、层次分析法等研究方法贯穿于全书。主要的研究方法如下:

(1) 在对外汇储备需求进行多层次划分的基础上,尝试性地将凯恩斯的货币需求理论引入外汇储备最优规模决定的分析,构建基于多层次替代效应的外汇储备最优规模决定理论模型;并建立相应的计量模型,选择相关数据和指标,采用 VAR 模型以及格兰杰因果检验、协整、脉冲响应等计量方法检验理论模型的科学性和可靠性。在此基础上运用基于预防性审慎动机的最优化数量方法和多层次模糊决策法等对模型进行求解,并测算出我国外汇储备的交易性规模和投资性规模。

(2) 在对交易性外汇储备资产进行多层次结构优化时,以金融安全为视角,主要追求资产的流动性和安全性,实行以币种结构优化为主、资产结构优化为辅的资产配置策略。运用修正的杜利模型对币种结构进行最优搭配,并尝试将层次分析法(AHP 模型)引入外汇储备多层次优化配置的理论分析框架,将资产结构优化视为目标层,货币地位、支付结构、金融安全及汇率安排作为准则层，美元、欧元、日元和英镑作为方案层，构建基于多层次需求的我国适度外汇储备币种结构优化的 AHP 模型，并运用 YAahp 软件求解出最优币种权重。在币种结构确定的基础上再建立改进的资产结构优化 AHP 模型，并用 MV 模型来求解 AHP 模型，巧妙地将两种模型相结合，再选取我国的实际数据，运用 LINGO 软件测算出适度外汇储备的最优资产权重。

（3）在对投资性外汇储备资产进行多层次优化配置时，以我国经济转型和持有高额外汇储备并面临不断贬值为背景，以金融安全和国家利益为视角，尝试性地引入安全第一准则，构建基于金融安全的外汇储备最优化配置模型，通过参数设定，利用 Matlab 软件求解外汇储备的金融安全规模和国家利益规模，并对其进行优化配置。同时揭示外汇储备与金融安全和国家利益之间的相互关系和内在逻辑，旨在为我国外汇储备管理提供新思路。

此外，本研究对上述问题的分析、求解计算和模拟主要借助于 Matlab、Eviews、YAahp 和 LINGO 等统计软件来实现。

1.6　本书的创新

（1）在思想方面，本书将多层次、动态性、系统性的思想贯穿于外汇储备多目标优化的始终

首先，从多层次的思想看，一是根据外汇储备多样化需求，将其划分为不同的需求层次；二是构建基于多层次替代效应的外汇储

最优规模决定模型;三是对不同层次的外汇储备资产进行多层次结构优化和动态投资组合;四是建立外汇储备资产的多层次配置策略体系。其次,从动态性的思想看,一是各层次外汇储备需求是动态变化的,并具有动态替代效应;二是由于决定外汇储备需求因素的变化,外汇储备交易性规模与投资性规模之间也处于动态变化之中;三是由于外汇储备币种决定因素的变化,致使一国外汇储备资产的币种权重处于此消彼长的动态变化中;四是由于各种金融资产的收益率和风险的变化,要求一国外汇储备资产的投资组合适时进行动态优化;五是为应对国内外经济环境的改变,对外汇储备的投资管理策略也应进行动态调整。最后,从系统性的思想看,本书以外汇储备的多层次需求为前提,多层次规模测度为基础,交易性储备资产的多层次结构优化和投资性储备资产的多层次动态投资组合为手段,构建外汇储备的多层次管理策略体系为保障,实现外汇储备保值增值为最终目标,并且以上各部分是密不可分的,因此,可将外汇储备的管理视为一个系统的过程。

(2) 在理论方面,构建外汇储备的最优规模决定、最优币种选择、资产结构优化以及多目标动态投资组合模型

一是在尝试性地引入凯恩斯的货币需求理论对外汇储备资产进行多层次划分的基础上,深入分析各层次外汇储备的需求动机、结构变化及它们之间的相互影响,揭示各层次外汇储备之间的替代效应,从而构建基于多层次替代效应的外汇储备最优规模决定模型。二是将层次分析法(AHP模型)引入交易性外汇储备结构优化的理论分析框架,通过确定目标层、准则层和方案层,建立交易性外汇储备币

种结构优化的 AHP 模型。三是通过对海勒—奈特模型、杜利模型和 MV 模型的拓展,构建交易性外汇储备资产结构优化的理论模型。四是尝试性地引入安全第一准则,构建基于金融安全的外汇储备最优化配置模型,通过参数设定,利用 Matlab 软件求解外汇储备的金融安全规模和国家利益规模,并对其进行优化配置。

(3) 在研究方法方面,采用跨学科研究方法并对其进行改进

跨学科研究方法在外汇储备资产多层次结构优化和动态投资组合中的应用是本研究的一大特色,主要体现在以下两个方面:一是层次分析法(AHP 模型)的应用。将交易性外汇储备的币种结构优化和资产结构优化看作其资产优化配置不可分割的两个重要方面,并把币种结构优化作为目标层,把影响币种结构的主要因素作为准则层,储备货币的种类则为方案层,从而构建我国交易性外汇储备币种结构优化的 AHP 模型,并运用 YAahp 软件求解币种结构权重。然后,以币种结构的分析结果为基础,进一步建立改进和扩展的交易性储备资产结构优化 AHP 模型,并将其与 MV 模型相结合,用 LINGO 软件求解最优资产结构权重。二是运用数值模拟和最优化方法,利用 Matlab 软件结合我国的实际数据进行模拟,求解投资性外汇储备的最优资产组合。

(4) 在管理模式方面,提出稳健管理和积极管理有机结合的外汇储备资产管理模式,实现外汇储备资产的多目标、多层次动态优化配置

本研究将稳健管理和积极管理这两种投资管理模式相结合,既打破传统外汇储备采用稳健管理、币种结构管理的保守模式,又不过

度追求单纯的积极管理模式;提出在外汇储备资产结构优化和动态投资组合过程中应对不同层次制定不同的策略,即在制定外汇储备资产优化配置总体策略的基础上,对交易性规模实行稳健管理的投资策略和对投资性规模实行积极管理的投资策略,并将二者有机结合,同时币种结构选择和资产结构优化各有侧重的新型投资管理模式。在交易性外汇储备资产的优化配置中,以追求资产的安全性和流动性目标为主,同时兼顾收益性目标,因此选择稳健的资产管理模式。具体应以币种结构为主、资产结构为辅,并将它们综合起来考虑,实现二者既相对独立又紧密结合的配置方式,弥补了已有研究只注重币种结构估算的缺陷。另外,在投资性外汇储备资产优化配置中,以追求资产的收益性目标为主,同时考虑国家发展战略,对该部分资产实行积极投资管理模式,进行"长期性、战略性和高回报"的全球分散化组合投资,从而实现外汇储备资产的多目标、多层次动态优化配置。

第 2 章 文 献 综 述

在金融危机频繁发生、外汇储备空间集聚以及功能动态演变的背景下,外汇储备满足各种交易需求及应对金融危机的作用也越来越大,特别是在亚洲金融危机后已经被许多国家充分认识。同时,相关的研究层出不穷,主要集中在外汇储备交易性规模测度、币种和资产结构优化、投资组合及风险管理三个方面。

2.1 外汇储备适度规模的测度

在国外,对一国最优的外汇储备规模的研究是一个经久不衰的话题。从理论研究的角度看,在不同的历史阶段有不同的研究成果:在金本位制下,早期的国际储备研究主要侧重于以国内货币发行量的视角来研究国际储备的必要性及其规模。之后,凯恩斯(Keynes,1930)将对外经济因素引入国际储备需求的分析,认为决定一国国际储备需求的因素主要有外源因素导致的耗竭的可能程度、贸易结构及贸易差额的波动性,从而为国际储备的研究开辟了新的视野。二

第 2 章 文献综述

战后,特别是自 20 世纪 60 年代以来,外汇储备适度规模的研究有了长足发展。其中,具有代表性的测度方法如表 2.1 所示:

表 2.1 国外外汇储备规模测度方法比较

测度方法	代表学者	优点	缺点
比例分析法	Triffin (1960)	简单易行,便于操作,被广泛使用	仅以进口需求衡量外汇储备最优规模,而没有考虑外汇储备的其他功能
需求函数分析法	Flanders、Frenkel、Iyoha (1976)	① 巧妙地将金融、数学和计算机等多种学科融合在一起,更多地使用实证分析方法,从而使分析更具说服力;② 在模型中引入多个变量,从而使分析更加全面;③ 打破了传统模型只以静态分析的局面,通过引入动态模型使外汇储备适度规模的分析更加动态化	① 在用经验数据进行研究时暗含以前的各种数据都是合理的,并且发展中国家的实际外汇储备持有量就是最优的外汇储备需求量,但事实上,这种假设难以成立;② 正是由于模型的全面性可能导致存在多重共线性而影响回归结果,如果避免共线性又会使模型不够全面;③ 模型难以很好地反映国际收支调节中宏观调节与融资的可替代性
成本收益模型	Heller (1970)	Heller 在外汇储备最优规模度量的研究中做出了杰出的贡献,并解决了一些长期存在的难题	因假设条件与实际存在较大的偏差,并且在选择外汇储备的机会成本变量时具有较强的主观性,从而使模型估计的结果偏差较大
成本收益模型	Agarwal (1971)	Agarwal 对 Heller 模型进行了修正,并将其扩展到发展中国家,曾被理论界认为是最适合发展中国家测度适度规模的模型,从而得到广泛的运用	同样没有考虑储备融资与政策调节在国际收支调节中的可替代性,也忽视了资本项目变动和长期资本变动对外汇储备的影响

(续表)

测度方法	代表学者	优点	缺点
存货缓冲模型	Frenkel et al.(1980)、Jovanovic	Frenkel 和 Jovanovic 模型对外汇储备最优规模的测算结果与理论预测值较为接近	没有对外汇储备设定上限,这必然会导致模型中的随机过程会一直增加到无穷大,与现实不相符
基于预防性谨慎动机的模型	Ben-Bassat and Gottlieb(1992)	模型更具包容性,从而便于扩展,允许各国在评估其最优外汇储备规模时,兼顾考虑本国的一些特殊因素,并且适用性较强,更适合大多数发展中国家	它的这种包容性也可能会导致一国在度量外汇储备持有成本时由于受多种因素的影响而增加度量的难度;并且模型也没有说明除对外债务总额对出口的比率和外汇储备对进口的比率之外还应包括哪些可能影响违约概率发生的因素

近年来,随着金融危机发生的频率越来越高,世界各国对外汇储备抵御金融危机的作用又有了更进一步的认识,从而对外汇储备最优规模的研究也有了新进展。Joshua Aizenman 和 Nancy Marion(2003)对远东国家相对较高和其他一些发展中国家相对较低的外汇储备需求进行了计量检验和理论解释。Ronald U. Mendoza(2004)以亚洲金融危机后,特别是近年来一些发展中国家的外汇储备以每年60%的速度增长为背景,对这种快速增长的自我保障动机进行了研究。Aizenman and Lee(2007)建立了一个针对东亚国家的面板数据模型,估计结果表明,在亚洲金融危机之后,包括中国在内的亚洲国家外汇储备快速增长的原因,可用这些国家由于要保持金融体系的稳定而对外汇储备产生大量的需求来解释。Barnichon(2008)在考虑自然灾害和贸易条件恶化的情况下,为小型开放经济的国家开发了一个度量最优外汇储备规模的理论分析框架。Durdu 等(2009)的研

究显示,应对金融全球化和避免外汇流入"骤停"的风险是新兴经济体国家持有大量外汇储备的主要原因,而商业周期的波动对其解释力并不强。Jeanne、Olivier and Ranciere(2011)在原有效用最大化模型的基础上加入"自我保险"机制,进一步分析了新兴市场国家在1998年以后外汇储备激增的原因,并测度出最优外汇储备规模。Kathryn(2012)研究了金融危机背景下各国外汇储备的持有动机。Calvo and Izquierdo 等(2012)则认为,在测度最优外汇储备规模时应充分考虑各国央行平衡资本骤停的期望成本与持有外汇储备的机会成本,同时发现拉丁美洲国家的外汇储备规模与这种预防性最优规模基本一致,而亚洲国家则明显超过这一水平。Goncalo Pina(2017)认为,虽然发展中国家大量的外汇储备会给经济造成不良影响,但央行积累的适度的外汇储备,可在一段时间内分摊与通胀相关的成本。Pietro Cova 等(2016)的研究表明,外汇储备多样化和"过度特权"对全球宏观经济有着明显的影响。Gonçalo Pina(2017)研究了外汇储备和全球利率之间的关系,并认为汇率变动会对外汇储备产生影响。

从国内研究来看,学者对我国外汇储备适度规模研究的文献可谓汗牛充栋,并取得了一些有价值的成果。但由于研究视角或方法的不同,对外汇储备适度规模的测度结果也大相径庭,这也是导致长期以来理论界对外汇储备适度规模存在争议的主要原因。为此,我们可将相关的文献归纳为规模不足论、适度规模论及超额规模论,如表2.2所示:

表 2.2 国内外汇储备规模观点比较

分类	代表学者	主要观点
规模不足论	管于华(2001);刘斌(2003);李石凯(2006)	持这种观点的学者认为,我国的外汇储备是不足的,但这些观点主要在我国外汇储备还相对较少的时期提出
适度规模论	高丰、余永达(2003);刘莉亚、任若恩(2004);刘艺欣(2006);王群琳(2008);李巍、张志超(2009);邓长春(2016)	我国目前保持较高的外汇储备水平是符合实际情况的;外汇储备的实际规模总是围绕着适度规模小幅度波动,因而我国的外汇储备规模是适度的;在确保国内金融稳定的前提下,目前我国的外汇储备总量并不过度,正处于合意的区间范围之内
超额规模论	武剑(1998);吴念鲁(2003);史祥鸿(2008);吴丽华(2009);张斌等(2010);周光友、罗素梅(2011);韩立岩等(2012);姜波克、任飞(2013);罗素梅等(2013);周光友、罗素梅(2014);罗素梅、张逸佳(2015);宫健等(2017)	我国外汇储备总额明显超过合理水平;我国现有的外汇储备规模是偏大的;在全球金融危机的背景下,我国的外汇储备规模虽然增速放缓,但仍然超出了适度需求,对经济的长期发展带来了负面影响;我国目前的外汇储备明显过剩,但政府没有必要对其进行"主动"干预;我国外汇储备规模过大,可向主权财富基金追加,以实现收益的最大化;在将外汇储备划分为货币性储备和资本性储备的基础上,认为我国当前存在大量超额外汇储备,并进行了优化配置;我国外汇储备短期内会保持较高水平,但从长期看是不可持续的

2.2 外汇储备的币种结构优化

国外在币种结构选择的研究方面,最有代表性的主要有风险分散理论、海勒奈特模型和杜利模型三种,它们的观点可总结为表 2.3:

表 2.3　国外外汇储备币种结构优化主要理论

理论	代表作者	主要观点
风险分散理论	Markowitz(1952); Tobin(1956)	该理论认为可将外汇储备视为一种金融资产,并可通过资产分散来降低风险,各种持有货币的风险与收益状况决定了某种货币在外汇储备中的比例,而其他因素并不需要考虑
海勒奈特模型	Heller 与 Knight(1978)	研究发现,汇率安排和贸易收支结构是决定一国外汇储备币种结构的主要因素,而经济开放度、经济总量与币种结构的相关性可以忽略不计
杜利模型	M. Dooley(1986)	研究认为,在外汇储备币种结构的影响因素中,汇率安排、外债支付流量和贸易流量是决定外汇储备币种结构的主要因素

以上三种理论为外汇储备最优币种结构的研究奠定了基础。之后,Dellas and Yoo(1991)分别运用均值—方差模型和消费资产资本定价模型来研究韩国的储备币种结构,并添加进口贸易带来的币种结构约束条件,在最终理论结果与实际数据的比较中,均值—方差理论的结果也是较为符合实际情况的。Roger(1993)的研究却发现,大多数工业化国家外汇储备持有结构的变化并不是投资组合的结果,而主要与外汇市场的公开市场干预有关。Eichengreen(1998)通过实证分析发现,国际贸易相对规模和国内生产总值是影响外汇储备币种结构的长期因素,而短期内不明显。Srichander and Ramaswamy 将模糊决策理论用于分析外汇储备的币种结构,通过把各种货币资产组合放到多目标模糊决策分析框架中进行实证研究,其结果可用以解释现实中的币种结构选择。Eichengreen and Mathieson(2000)通过分析一国资本账户开放、外债结构、汇率安排、储备货币之间利差的关系对外汇储备币种结构的影响发现,各国外汇储备币种结构具有

明显的历史延续性特点,并且这些影响因素发挥作用也是渐进的。而 Elias et al.(2006)采用动态均值—方差模型得出了存在交易成本情况下的外汇储备最优货币结构。Wu Yi(2007)运用动态均值—方差优化模型对中国外汇储备币种结构进行了研究,利用 1999 年 12 月至 2007 年 6 月的数据,得出了各储备货币的一个比重区间:美元为 47%—58%、日元为 13%—18%和欧元为 5%—10%。此外,在最近几年,相关的研究又进一步深入,Roland Beck and Ebrahim Rahbari (2011)运用最小化方差模型研究 24 个新兴市场国家外汇储备中美元和欧元的比例关系,同时得出计价货币的选取对于最优比例的决定性作用。Hatase and Ohnuk(2009)对日本的研究表明,决定外汇储备币种结构的主要因素是贸易规模和外债币种结构。Kubelec and Sa (2010)认为,由于储备币种结构一般较少变动,因而 Eichengreen 和 Mathieson 的总量模型决定变量及参数估计值,被研究者用来估计一些国家包括中国的币种比重。Pietro Cova et al.(2016)研究了外汇储备多元化和"过度特权"对全球宏观经济的影响。

在国内,宋铁波、陈建国(2001)研究了贸易结构、外债结构、储备货币的风险收益和一国汇率制度四种因素对货币分配的影响。马杰、任若恩、沈沛龙(2001)在均值—方差模型的基础上,建立了一个非线性模型来确定外汇储备的最佳结构,但由于种种限制,没有根据模型计算出准确的结果。朱淑珍(2002)利用 Markowitz 模型工具分析了中国外汇储备的风险有效边界曲线,给出了理论上最优的外汇储备币种结构的调整建议。邹全胜(2005)认为,中国的外汇储备要与中国外向型经济相配合,在实现储备货币营利性和低风险性的同时,也应考虑储备货币的方便性与交易成本大小,不能单纯因为美元汇率的短时期涨跌而改变自己的储备币种结构。滕昕(2007)在研究中将外汇储备看作一个系统,运用层次分析法,构造了货币结构选择的 AHP 模型,并得出了各种货币在外汇储备货币结构中应占的权重。杨胜刚、龙张红(2009)也借鉴模糊数学满意度概念建立模型,分析分别提高美元、欧元、英镑、人民币利率时储备货币的币种变化。邹宏元、袁继国、罗然(2010)运用模糊决策方法,在考虑进口因素和外汇储备收益的情况下,估计中国外汇储备的最优币种结构是:美元为 64.5%,欧元为 33.3%,日元为 2.2%。孔立平(2010)结合马科维茨资产组合理论、海勒—奈特模型和杜利模型,综合考虑我国的贸易结构、外债结构、外商直接投资来源结构和汇率制度等因素的影响,提出应降低美元在我国外汇储备中的占比,提高欧元占比。曲良波、宋清华(2012)的研究结果表明:在我国外汇储备币种构成上,欧元资产比重上升,美元、日元资产比重下降,英镑资产比重基本维持不变,美元资产仍处于主导地位;外汇储备资产的平均收益率下降,面临的风险加大。成为等(2013)采用风险—收益模型对外汇储备管理的影响因素进行实证研究,模拟出在不同情境下的中国最优储备币种结构。周光友和赵思洁(2014)对外汇储备币种结构进行了优化。宫健等(2017)认为,影响外汇储备增速的诸宏观变量中,实际有效汇率对外汇储备增速的影响体现出显著的非对称与非线性特征,从而影响外汇储备的规模和结构。

2.3　外汇储备的资产结构优化及投资组合

外汇储备的资产结构优化及投资组合的研究主要涉及外汇储备资产和主权财富基金的优化配置和投资组合等方面。

在国外,Vesilind and Kuus(2005)在对爱沙尼亚积极管理外汇储备的研究中发现,一国应将外汇储备视为流动性资产组合和投资性资产组合,同时还应持有一部分黄金。美国前财政部长、哈佛大学前校长萨默斯(2007)认为,与一般的金融资产相比,作为国家财富的外汇储备资产,其投资的目的是多重的,不仅要使国有资产管理效率得到提高,而且也要将其用于获取国外先进的高科技或是提高行业或公司的影响力。以 Lyons(2007)为代表的新型"国家资本主义"理论认为,新兴经济体或资源出口国高额的外汇储备积累,并以主权财富基金的形式在全球范围内投资是国家资本主义在全球的延伸,其目的是为了发展的稳定和本国经济的安全,将外汇储备在全球范围内进行战略配置,控制与本国经济命脉息息相关的战略物资、重点企业、关键技术等,以免因国际经济政治形势变化给本国带来冲击,从而积极谋求在国际竞争中的主动性。Flyvholm 针对不同国家的特点,提出如下外汇储备投资策略:对于石油输出国应以配置中长期债券为主;初级资源和石油净进口的国家应配置与初级资源商品和石油价格上涨相联动的 SAA 资产;对长期投资的国家应配置股票和其他长期性资产;而追求长期实际回报的国家则应多配置通货膨胀指数化证券(TIPS),以对冲通胀风险。Joshua Aizenman and Reuven

Glick(2008)认为,由于政府财政部门是主权财富基金的所有人,作为国民财富的代理机构,对主权财富基金的投资应遵循效用最大化原则,而外汇储备资产也应在风险相对较高的国外资产中进行分散化配置。Lowery *et al.*(2008)认为,随着世界各国外汇储备与主权财富基金的快速增长,已经超过了传统资产的供给,这部分资金将会转向投资高收益的风险资产,因此外汇储备投资将采取更为积极的策略。Bortolotti *at el.*(2009)分析了主权财富基金的不同战略目的对其全球资产配置策略的影响,并认为应根据不同的国际经济环境选择不同的资产配置策略。Monk(2011)的研究表明,主权财富基金的资产配置战略长期化、资产品种多元化、投资地域分散化趋势明显。同时,主权财富基金倾向于增加股权、房地产、私募基金的资产配置,而减少对固定收益产品与对冲基金的投资。Victoria Barbary(2010)分析了主权财富基金战略对全球资产配置的影响,认为国家储备分散型基金和代际储蓄基金的配置应以低风险分散化的投资组合为主。经济发展型基金应以股权等长期化资产配置为主,不过分关注流动性投资,从而实行积极的投资策略。而在2008年金融危机后,主权财富基金投资引入风险对冲机制,并在地域上进一步加大了对中国与OECD国家的资产配置。Knill *at el.*(2011)在检验主权财富基金投资中双边政治关系作用的基础上,认为主权财富基金的投资决策至少部分地来自非金融动机。

与此同时,国内学者在外汇储备资产结构优化和投资组合的研究方面也作了一些有益的尝试。易江、李楚霖(2001)将资产组合风险最小化的理论应用于外汇储备安全增值问题的研究,在允许卖空和不允许卖空两种很强的假定前提下,导出实现外汇储备资产最优组合的方法。陈建国、谭戈(1999)认为,如果货币当局的偏好是确定的且可以用经验函数来反映,则可通过运用均值—方差最优化方法描绘资产组合的有效边界,进而得出储备的最优资产结构。王红夏(2003)根据储备资产的变现能力和收益水平,将储备资产划分为三级结构:一级储备、二级储备和三级储备。何帆、张明(2006)认为,我国应该进行外汇储备的资产调整,降低投资于美国国债的比率,提高投资于美国股权、美国机构债和企业债,以及黄金的比率。冯科(2007)根据我国香港等地区的外汇管理经验,提出我国的外汇储备可以分为两部分,一是货币资产,二是投资资产。充足性、流动性、安全性是货币资产管理的首要目标,而投资资产则注重外汇储备的收益性。王铁山等(2007)的研究认为,我国通过寻求战略伙伴和人员管理、合理的投资目标和策略选择、风险度量和评估等途径试图将投资战略与国家经济发展方针相结合,以求实现宏观经济和微观企业的共赢。

随着2007年中投公司的建立,相关的研究也有逐步增加的趋势。梅松、李杰(2008)认为,应当用超额外汇储备配置与宏观经济周期运行相反的风险资产,对于重要部门,还可以有针对性地进行对冲操作,从而提高社会的整体福利水平。朱孟楠(2009)认为,主权财富基金投资应以长期为主,中国应抓住金融危机的机遇,积极应对当前国际投资环境的变化,在控制风险的前提下实现高回报。谢平与陈超(2009)的研究发现,主权财富基金的投资大量转向风险资产,从美元资产转向非美元资产,从组合投资转向战略投资,同时强化战术资产配置策略,寻找短期趋势的预期超额回报。张海亮、吴冲锋和邹平(2009)认为,外汇储备管理应突破仅追求投资收益的限制,建立为产业对资源需求提供支持的战略思想。无独有偶,张世贤、徐贤(2009)的研究认为,主权财富基金投资方向的选择越来越重要,已经成为一个战略问题,并且外汇储备应通过对外直接投资来实现国民经济的可持续发展和福利最大化。韩立岩、魏晓云和尤苗(2012)构建了外汇储备与主权财富基金的随机优化配置模型,并进行了情景分析,研究结果表明,当前我国外汇储备规模过大,可向主权财富基金追加,以实现收益的最大化,同时提出了具体的调整策略。刘澜飚、张靖佳(2012)通过刻画中国外汇储备对外投资的"循环路径",构建了包括央行、金融市场和实体经济的斯塔克尔伯格模型和古诺模型,进而模拟出我国外汇储备对外投资对本国经济的间接贡献、合意的外汇储备投资组合,以及最优外汇储备投资规模。韩立岩、魏晓云和顾雪松(2012)构建了一个国际储备在流动性储备资产与风险资产之间战略配置的随机优化框架,并基于期望效用理论和古诺模型,分别探讨货币当局的风险偏好类型和国家间竞相持有储备对优化选择的影响。张斌、王勋(2012)通过计算中国外汇储备的名义收益率和真实收益率分析外汇储备的资产结构风险。罗素梅等(2013)运用改进的 AHP 方法对适度外汇储备的币种结构和资产结构进行求解和优化,测算出我国适度储备最优的币种结构和资产结构。周光友、罗素梅(2014)对交易性外汇储备资产进行了多层次优化配置研究。罗素梅、赵晓菊(2015)对超额外汇储备资产进行了多目标优化研究。邓常春(2016)认为,当前对我国外汇储备的有效管理,不必纠结于规模,而应该更多地思考如何在保障安全性的前提下,提高其流动性和收益性,让巨额外汇储备更好地服务于经济增长和改善民生。

2.4 外汇储备风险管理的研究

与金融风险管理相比,外汇储备风险管理的研究相对滞后,但金融风险管理的相关理论为外汇储备风险管理的研究奠定了基础。R. Triffin(1960)对外汇储备适度性的研究标志着外汇储备风险管理研究的开始。随着经济全球化、外汇储备持有水平的差异化、外汇储备功能的演化及其风险的日益显现,世界各国对外汇储备风险的管理也越来越重视,对外汇储备风险管理的研究也逐步深入。相关的研究主要体现在外汇储备风险测度的理论与方法、外汇储备风险管理框架两个方面。

在外汇储备风险测度的理论与方法方面,国际金融机构和国外学者进行了很多有益的探索,并提出了相关的一些模型、方法和建议。国际货币基金组织(IMF)对外汇风险类型进行了划分,并从风险来源的角度,将外汇储备资产面临的风险划分为外部风险和内部风险。其中,内部风险由市场风险和环境风险构成,而市场风险又由利率风险、汇率风险、流动性风险构成。外部风险则由政治风险、法律风险、信用风险等构成。内部风险是由于操作控制不当或信息系统等方面的缺陷而导致的可测算或无法测算的损失,它由操作风险、机会风险、技术风险构成。外汇储备风险种类的划分为外汇储备风险的测度提供了依据。Bert and Han(2004)运用资产平衡表模型(a balance sheet approach)对中央银行资产面临的潜在收益和损失进行了估计和度量,从而为外汇储备市场风险的度量提供了参考;Peter and Zwanenburg(2004)认为,要设立外汇储备的战略性组合,首要步骤是评估资产组合可以接受的总体风险,其次是决定风险预算的分配,最后应基于诸如回报预期、可利用的资源、操作性事务的限制和流动性需求等方面的要求来划分储备资产。Delgado,Martinez and Osorio(2004)设计了外汇储备流动性危机模型,用动态分析法来分析央行外汇储备流动性危机发生的可能性,从而考察了储备资产流动的时间因素。

与国外学者主要倾向于理论研究相比,国内学者则主要将国外已有的相关理论模型用于我国外汇储备风险的实证研究,从而提出防范和降低外汇储备风险的对策建议。朱孟楠(1997)提出要对超额外汇储备进行多元化的投资,并设想了"低度分散、中间、高度分散"三种储备货币币种分散方案,以提高外汇储备投资的效益和减少损失;姚东(1999)提出了关于外汇储备市场风险和信用风险的测量以及风险额度管理的一些理论与方法;何帆、陈平(2006)在归纳比较新加坡、挪威经验与启示的基础上,首次提出了外汇储备积极管理的概念,并认为必须优化我国外汇储备结构,同时利用外汇储备为我国发展战略的调整服务;何帆(2007)提出在风险控制上,应借鉴国外一些外汇储备管理效率比较高、相关法律制度比较成熟的国家和地区外汇储备管理的成功经验,对我国的外汇储备进行全面风险管理,并重视资产管理的透明度,从而降低外汇储备的经营风险。姜昱、邢曙光(2010)利用DCC-GARCH模型结合条件风险价值CVaR描述了我国外汇储备的汇率风险,结果显示,近期汇率风险有增加趋势。艾之涛、杨招军(2010)基于VaR方法,把外汇储备看做一个由不同币种组成的资产组合,通过实证分析测算各币种比例相对变化时的VaR

值,结果表明,从控制风险的角度,目前我国应减少外汇储备中欧元的比重,而增加美元的比重。朱孟楠、侯哲(2013)在对外汇储备所面临的汇率风险重新定义的基础上,测度了我国外汇储备的汇率风险损失区间。周光友、赵思洁(2014)选取了 2008—2012 年的美元、欧元、日元和英镑资产日收益率数据,通过 GARCH 模型和 VaR 方法,测度了我国外汇储备的币种结构风险,进而估计出不同预期收益率下的最优币种结构。

在外汇储备的风险管理框架方面,国际货币基金组织(IMF)在 2001 年发布对外汇储备管理的指导性文件《外汇储备管理指南》后,又于 2003 年发布了该指南的配套文件(accompanying document)。该指南对各国的外汇储备管理提出了指导性的风险管理框架:一是要求各国外汇储备管理者必须实时监控外汇储备风险敞口;二是必须能够认识并说明潜在的资产损失和他们准备接受的风险暴露的其他结果,并在风险敞口超过可接受的风险水平时予以干预;三是要求储备管理实体必须定期对风险进行压力测试,并将其用以评估宏观经济和金融变量变动或冲击带来的潜在影响。同时,IMF 还建议各国的外汇储备管理机构根据投资组合原则制定外汇储备的资产选择和配置策略,从而控制外部风险;并认为要保证投资操作的有效性,必须规定一个投资组合基准;应将币种选择的流动性和货币风险在投资组合基准中加以考虑,同时在投资组合中更多地考虑流动性强的货币比重,从而达到在投资组合中与债务相对应的货币风险套期保值的目的。在国内,武剑(1998)以及徐明东、严启发(2006)等国内学者则通过对一些主要国家外汇管理体系和运行机制的比较分析,对我国外汇储备管理提出了可借鉴的经验或对策。李雪莲(2008)认为,在现有管理模式下,我国外汇储备面对美元危机存在多方面风险。我国外汇储备管理滞后,急需变革,应从管理对象、目标、管理模式、管理体制、风险控制、配套制度建设以及储备规模、结构优化等方面进行优化。曾之明、岳意定(2010)认为,高额的外汇储备存在极大的机会成本和潜在风险,后危机时代,我国应借鉴国外多层次外汇储备管理模式,合理控制外汇储备规模的增长,优化储备资产及币种结构,注重外汇储备管理的风险控制。余湄、何泓谷(2013)从外汇储备的风险管理策略入手,分析了我国外汇储备的资产配置和风险管理问题。汤凌霄等(2014)研究了金砖国家外汇储备波动的协动性及其影响因素。孔立平、富月(2017)基于因素分析法首先从各影响因素出发,分别测算最优的交易型外汇储备和最优的配置型外汇储备的币种结构,然后从外汇储备需求的角度考虑这些因素在外汇储备中的权重,从而确定出我国外汇储备最优币种结构,以纠正我国目前外汇储备币种配置不合理的问题。

2.5 对已有研究的评价

已有的相关研究在多个方面有了突破,并取得了很多有价值的成果,也是本研究的重要基础,但还存在一些不足:

(1)已有研究大多只从规模、结构或风险的单一视角出发来研究外汇储备,未能将需求层次划分、规模测度、多目标结构优化、投资组合及风险管理体系构建视为一个整体,从而没有很好地揭示它们之间的相互关系,也使研究缺乏系统性。

（2）已有的绝大多数研究在测度外汇储备适度规模时只对各种需求进行简单加总，而没有充分考虑各种层次外汇储备之间的相互替代关系，以及多层次需求规模存在时的结构变化，从而降低了测度结果的可靠性。

（3）在对外汇储备资产结构进行优化时，已有的研究大多只重视币种结构的管理，很少考虑资产结构，从而没有充分体现适度与超额外汇储备管理的差异，也未能将币种结构选择与资产结构优化有机结合，并在不同层次外汇储备管理中各有侧重。

（4）已有研究没有充分认识到外汇储备在维护金融安全和国家利益中越来越重要的作用，而这是外汇储备功能演变的趋势。因此，基于金融安全和国家利益的外汇储备资产多目标优化和动态投资组合还有待于进一步深入研究。

2.6　本书的工作

基于以上不足，本书拟从以下几个方面展开研究：

（1）通过构建外汇储备决定机制的理论分析框架，分析外汇储备变化的决定机制、影响因素和内在机理，选择我国相关数据和变量，通过构建VAR模型和各种计量检验，刻画各因素与外汇储备之间的相关性，分解各因素对外汇储备规模的贡献度，从而识别决定外汇储备的短期和长期因素。

（2）以外汇储备的多层次需求和功能演变为视角，在金融危机和我国持有巨额外汇储备并面临不断贬值风险的背景下，将外汇储备资产视为国家特殊的金融资产,尝试性地将货币需求理论引入外汇储备规模决定的理论分析中,构建基于多层次替代效应的外汇储备最优规模动态决定模型和理论分析框架,选择相关的指标和数据,建立计量经济模型,对理论模型的可靠性进行检验,确定我国外汇储备规模的适度区间,进而测算出交易性规模和投资性规模,为外汇储备多目标结构优化和动态投资组合提供依据。

(3) 将交易性外汇储备资产进一步划分为不同的需求层次,尝试性地引入层次分析法(AHP模型),通过建立基于多层次需求的交易性外汇储备币种结构优化的AHP模型,测算出交易性外汇储备的最优币种权重。在币种权重确定的基础上再建立改进的资产结构优化AHP模型,并利用MV模型或构造矩阵来求解AHP模型,最终计算出交易性储备的资产权重,从而实现币种结构和资产结构优化的有机结合。同时,根据已经测度出的交易性外汇储备规模历年数据,计算出各年度最优币种结构下的具体资产规模,及最优资产结构下各币种的具体持有数量,实现真正意义上的外汇储备资产优化配置。

(4) 本书在投资性外汇储备资产优化配置中,以追求资产的收益性为主,同时考虑国家发展战略,实行积极的投资管理模式,进行"长期性、战略性和高回报"的全球分散化组合投资,从而实现投资性外汇储备资产的多目标动态优化配置。为此,本书以我国经济转型和持有高额外汇储备并面临不断贬值为背景,以金融安全和国家利益为视角,尝试性地引入安全第一准则,构建基于金融安全的外汇储备最优化配置模型,求解出外汇储备的金融安全规模和国家利益规模,并对其进行优化配置;同时揭示外汇储备与金融安全和国家利益之间的相互关系和内在逻辑,旨在为我国外汇储备管理提供新思路。

第 3 章　高额外汇储备的可持续性及决定机制

3.1 引　　言

　　我国的外汇储备经历了一个从无到有、由少到多的积累过程。飞速增长且数额巨大的外汇储备给我国的经济发展既带来了机遇，也带来了挑战。充足的外汇储备在发挥保持人民币汇率稳定、提高我国国际清偿力、降低外汇管理改革风险等作用的同时，也给我国货币政策和汇率政策带来了巨大的冲击。我国外汇储备自 20 世纪 90 年代以来的持续高增长有其特定的原因，然而，随着我国经济增长方式的转变、内需拉动政策的进一步深入以及汇率形成机制的改革，外汇储备的来源结构必然会发生变化，从而对外汇储备的来源产生影响。在新的经济增长模式和国际经济环境下，我们更有必要分析我国外汇储备可持续性的决定因素，并据此对我国外汇储备的发展前景作出理性的预期。

　　对于我国外汇储备的巨大规模与持续的高增长率，国内已有众

第 3 章 高额外汇储备的可持续性及决定机制

多专家学者提出有关合理控制外汇规模、优化外汇储备结构方面的研究成果。2008 年金融危机以来,围绕我国巨额外汇储备的规模及其配置在抵御金融危机中的作用和避免在金融危机中遭受损失方面的争论占据了研究外汇储备相关问题的主要篇幅,但不可忽视的是,尤其是在金融危机后,国际环境的变化正加快促使我国经济发展方式的转变;除此之外,汇率、利率的市场化,人民币的进一步国际化等因素也使得我国外汇储备的来源在结构上出现了显著的变化。在这种局面下,分析影响我国外汇储备的持续性因素理应先于对外汇储备规模适度性和配置合理性的研究。基于来源结构变化的视角对我国高额外汇储备可持续性的决定性因素进行分析讨论,其内涵实际上与研究外汇储备合理规模、外汇储备合理配置不谋而合,也是更好地分析控制外汇储备规模、优化外汇储备结构的一个理论依据和出发点。

外汇储备作为一国调节国际收支、稳定外汇市场、表明一国资信和防范金融风险现实能力的标志,一直是国内外学术界研究的重要领域。在 20 世纪中后期,针对外汇储备最适规模问题,国外学者提出了不同的测度方法,并经过演化发展,基本形成了比例分析法(Triffin)、成本收益分析法(Heller,1966;Agarwal,1971)、回归分析法(Frenkel,1974)、"衣柜效应"理论(Machlup,1965)、协整分析法(Elbadawi,1990)和定性分析法(Carbaugh and Fan,1976)六种主流分析方法。

2008 年以来,随着金融危机爆发、欧元区深陷债务危机,国外学者面对新的经济环境,发展出更多的外汇储备理论分析框架,结合更复杂的数理模型进行了实证检验。如 Gabriele Galati(2009)研究了欧元作为储备货币的可能性以及欧元的流通对于美元国际货币地位的影响;Marc Lavoie(2010)利用存量—流量模型模拟了我国外汇储备变化带来的影响,发现我国和美国都将从我国外汇储备的多样化中获益;Roland Beck(2011)研究了巨额外汇储备的多样化问题,提出了只有来自非预防性动机的外汇储备规模增加才会导致外汇储备的多样化;Charles Nana Davies(2012)利用经验分析法对法郎区的合理储备问题进行了研究,并认为法郎区的实际储备规模低于最优储备规模;Kathryn M. E. Domingues(2013)以捷克外汇储备的变化为出发点研究了外汇储备的规模与货币币值的关系,发现只有连续的外汇储备减少才会导致货币的贬值。

随着我国外汇储备规模不断增大,20世纪90时代以后,国内学者开始借鉴国外经典的理论模型,判断我国外汇储备的适度性问题,如王国林(2003)运用比例分析法;刘莉亚、任若恩(2004)采用协整分析法;陶凌云(2007)利用成本收益法等。其研究结果大致可分为三类:外汇储备超额论、外汇储备适度论和外汇储备不足论。

近年来,金融危机后国际经济新格局初步形成,我国外汇储备继续以较高的速度呈现增长态势。围绕外汇储备的规模问题、外汇储备的币种安排问题、外汇储备的需求因素等,国内学者利用币种模型理论进行了更加深入的新探索。如王晓雷、刘昊虹(2012)对贸易收支、外汇储备与人民币国际化的协调和均衡发展进行了研究,发现贸易收支、外汇储备和人民币国际化失衡的主要原因在于跨境贸易人民币结算的失衡;刘澜飚、张靖佳(2012)基于外汇储备循环路径对我国外汇储备投资组合的选择问题进行了内生性分析,发现我国外汇储备投资于美国风险资产的规模将影响外汇储备间接转化为美国对

第3章 高额外汇储备的可持续性及决定机制

中国 FDI 的比例;谷宇(2013)应用 Heaviside 阶梯函数构建我国外汇储备的非对称误差修正模型,在金融稳定视角下对我国外汇储备需求的影响因素进行了分析;成为、王碧峰、何青、杨晓光(2013)进行了基于风险—收益模型的外汇储备币种结构的多因素分析,模拟出在不同情境下我国最优储备币种结构;姜波克、任飞(2013)进行了最优外汇储备规模理论的新探索,提出了外汇储备最优规模即是实现双重均衡时的外汇储备规模,等等。陈雨童、周光友(2013)利用 VAR 模型对外汇储备进行了预测和分析,研究了国内生产总值、外商直接投资、外债余额、进口额、出口额这些宏观经济因素对外汇储备规模的影响,是国内目前为止在这一领域进行的少数研究之一。

综上所述,虽然已有的研究取得了很多有价值的成果,并为今后的研究奠定了基础,但也存在明显的不足:一是不同学者进行研究的理论落脚点不同,模型的选取上存在差异,且不同理论模型都有各自的长处和或多或少的缺陷;在进行应用过程中对于影响因素的考虑不尽相同,误差的处理方法并不统一,在结论上并没有形成具有说服力的统一论断,对于政策的指导性不强。二是虽然在外汇储备的规模适度性、外汇储备风险和收益等热点问题上,国内外学者进行了大量的研究与论证,并且形成了众多理论观点,但针对外汇储备的来源和可持续性问题,学术界的研究尚不充分。

因此,本书认为尚存在以下问题需要进一步研究:(1)分析我国外汇储备规模的决定机制;(2)分析各因素对于我国外汇储备规模的影响作用;(3)识别我国外汇储备规模的长期和短期因素及其可持续性。在此,本书通过构建外汇储备规模决定机制的理论分析框架,分析外汇储备规模变化的决定机制、影响因素和内在机理,选择我国相关数据和变量,通过构建 VAR 模型和各种计量检验,刻画各因素与外汇储备之间的相关性,分解各因素对外汇储备规模的贡献度,从而识别决定外汇储备的短期和长期因素。

3.2 外汇储备可持续性的决定机制及影响因素

3.2.1 我国外汇储备结构的变化趋势

我国外汇储备的持续高速增长,表面上看是外汇储备规模的扩大,但外汇储备持续增长有其不同的决定机制,在不同决定机制共同影响下,我国外汇储备的总量持续增长。在研究我国高额外汇储备能否持续增长的问题上,分清我国外汇储备增长来源的结构变化将有利于我们更好地分析我国高额外汇储备的可持续性问题。尤其是目前正面临国民经济增长方式的转变、危机后国际经济的新环境,研究外汇储备来源结构的变化趋势将有利于我们理解不同因素对于外汇储备规模的影响程度,并更好地预测在经济增长方式出现转变后,我国外汇储备来源结构的格局变化对外汇储备的可持续性问题的影响。

(1) 外汇储备与经常项目余额、资本与金融项目余额

图 3.1 反映了 1990 年以来我国外汇储备的历年变化,如前文所述,我国外汇储备主要来源于经常项目以及资本和金融项目的顺差。尤其在 2001 年我国加入 WTO 后,外汇储备出现持续高速增长,这

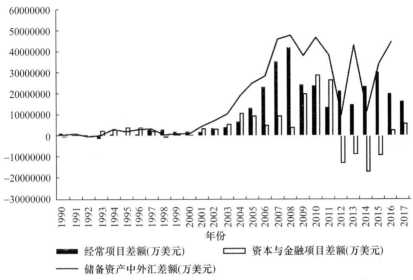

图 3.1　1990—2017 年我国经常项目和资本与金融项目余额①

种主要由经常项目巨额顺差带来的外汇储备持续增长一直持续到 2008 年。这主要是得益于国际产业的第二次转移和我国大量的廉价劳动力,欧美发达国家的产业转移到韩国、日本后又由韩国、日本向以我国为首的亚洲发展中国家转移,我国国内的大量廉价劳动力使我国成为出口劳动密集型产品的主要国家。这种低附加值产品给我国带来了巨大的货物出口贸易顺差。但 2008 年后,受全球金融危机影响,国际货物出口需求明显下降,由此导致我国经常项目余额出现显著的下滑,同时资本与金融项目余额大幅上升,并成为影响外汇储备增量的主要因素。在资本与金融项目余额显著上升的情况下,我国外汇储备规模持续快速增长。2011 年之后,国际货物出口缓慢

---

① 数据来源:根据国家统计局官网和国家外汇管理局官网发布的数据整理。

复苏,而随着我国对外投资水平的不断提高,资本与金融项目额由正转负,导致储备资产中的外汇有所减少。近几年,随着经常项目、资本与金融项目余额均有所增加,我国外汇储备呈现上升趋势。

(2)我国经常项目结构变化

图3.2反映了1990年以来,组成经常项目顺差的各部分余额变化情况。我国经常项目顺差主要来源于货物贸易的顺差,2008年以前,我国货物贸易出口净流入一直呈现增长趋势,货物贸易顺差基本

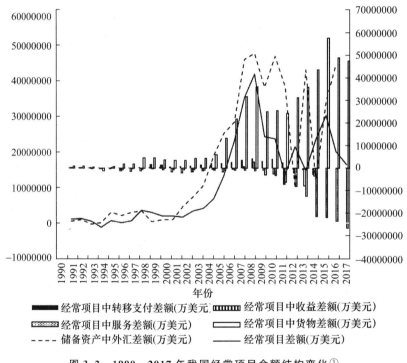

图3.2 1990—2017年我国经常项目余额结构变化①

---

① 数据来源:根据国家统计局官网和国家外汇管理局官网发布的数据整理。

第3章 高额外汇储备的可持续性及决定机制

构成了经常项目顺差的大部分,转移支付历年来较平稳,其对经常项目顺差的贡献度一直较稳定,但并不显著。值得注意的是,2008年金融危机以来,国际经济环境恶化,人民币出现较大的升值压力,同时主要贸易国美国也采取了保护国内生产的一系列贸易保护政策,在这种情况下,我国货物贸易顺差出现较大幅度的下降,这种下降趋势在2012年以后有所恢复,货物贸易顺差逐渐上升,成为经常项目贷方增加的主要动力。

(3)我国资本项目和金融项目结构变化

图3.3反映了1990年以来,组成资本和金融项目顺差各部分余

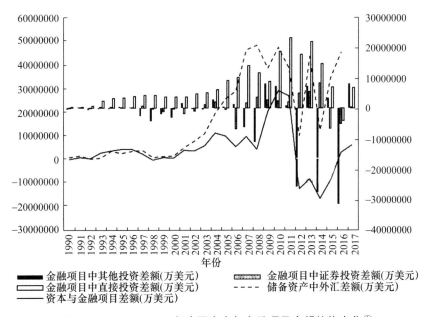

图3.3 1990—2017年我国资本与金融项目余额结构变化①

---

① 数据来源:根据国家统计局官网和国家外汇管理局官网发布的数据整理。

额变化情况。在资本和金融项目中占据主要部分的是直接投资净流入,值得一提的是,在 2008 年后直接投资对于资本和金融项目顺差的贡献额出现了下降,并在 2010 年后开始上升,但其反映的直接投资深层变动状况出现了明显的变化。国际社会对我国的直接投资大体呈现稳定的上升趋势(除 2009 年受金融危机影响出现短暂的下降外);自 2005 年起,国内对国外的直接投资呈现较明显的上升趋势,特别是在 2008 年后,对外直接投资上升较明显,这对来自国外的直接投资产生了明显的抵消作用。2008 年金融危机之后,金融项目中我国其他投资变为顺差,自 2012 年起,其他投资首次出现逆差并逐渐上升,这也是导致资本与金融项目出现逆差的主要原因,主要是由于我国对外贸易信贷逐渐上升造成的。

3.2.2 外汇储备可持续性的决定机制

从表面上看,经常项目和资本金融项目的"双顺差"是形成我国高额外汇储备的最直接原因,但这种积累并非偶然,其快速增长的背后有着深层次原因。为了深入分析外汇储备的可持续性问题,需要进一步剖析外汇储备变化的决定机制。在此,我们认为,我国外汇储备变化的决定机制主要有出口导向机制、长期利益分享机制和短期套利机制三种机制。

(1) 出口导向机制

我国自改革开放以来,长期推行出口导向型的经济增长方式,特别是 2000 年以后,这种方式在加快经济增长的同时,也形成了长期持续的贸易顺差,进而形成经常项目的大量顺差,致使其成为我国外汇储备增长的长期稳定来源,也是外汇储备快速增长的深层次原因。

(2) 长期利益分享机制

长期以来,我国经济快速增长,1997年亚洲金融危机和2008年国际金融危机给我国带来的冲击也相对较小,在危机期间仍然保持了较高的经济增速,在之后全球经济复苏中也起着举足轻重的作用。随着经济的快速发展,我国的投资回报率长期处于较高的水平,有专家测算表明达到13%左右;加之我国一直鼓励外商直接投资,致使大量长期国际资本进入我国,旨在分享我国经济增长的成果,这会加快我国资本金融项下的资本流入,形成了资本金融项下的顺差,并最终增加外汇储备。

(3) 短期套利机制

短期套利包括两个方面,一方面,近年来,随着人民币的持续升值,并且人民币升值预期长期存在,国际游资为了套取汇差而流入。另一方面,我国长期以来一直实行官定利率,利率市场化尚未完成,并且利率相对较高,致使国内外利差较大,特别是2008年国际金融危机后,西方大多数国家为了刺激经济,都降低了利率,有的国家甚至是零利率或负利率,而我国仍然保持较高的利率水平;加之我国已经被世界各国公认为资金优良的避风港,从而使更多的短期套利资本涌入。两类套利资本的流入,会形成资本与金融项目的顺差,进而增加外汇储备。

为了更为直观地分析上述三种外汇储备决定机制,我们将外汇储备决定机制用图3.4表示:

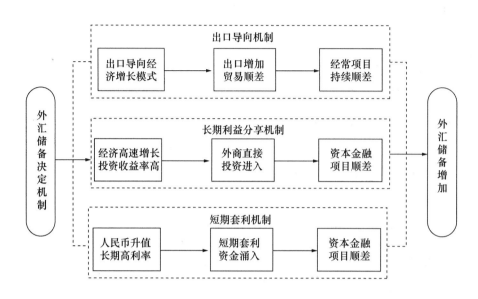

图 3.4 外汇储备决定机制

根据图 3.4,从来源结构上看,出口导向机制主要形成经常项目的外汇储备来源,而长期利益分享机制和短期套利机制则主要形成资本金融项目的外汇储备来源,它们共同决定了外汇储备的规模。从期限上看,出口导向机制和长期利益分享机制是外汇储备的长期来源,短期套利机制则是外汇储备的短期来源。从稳定性上看,出口导向和长期利益分享机制形成外汇储备稳定的来源,而短期套利机制形成的资金来源随着利率和汇率的波动而变化,稳定性较差。

3.2.3 外汇储备可持续性的影响因素分析

(1) 经济增长方式转变的影响

自改革开放以来,我国经济增长模式主要以出口导向型为主。

第 3 章 高额外汇储备的可持续性及决定机制

从过去约四十年的经验和数据来看,实行改革开放对于我国经济快速发展起到了重要作用,使我国货物进出口总额从 1978 年的 206.4 亿美元发展到 2017 年的 277.9 亿美元。我国对外贸易在世界的排名也从 1978 年的第 32 位上升到目前的第 1 位。这种以出口为导向的经济增长方式使得我国形成巨额经常项目顺差,积累了大量外汇储备。与此同时,目前,我国经济发展现状也表明,出口对经济增长的作用是间接和有限的,仅仅是为经济增长提供了"燃料"而不是"引擎"。随着时间的推移,其负面影响也日益突显,社会和经济的内外部失衡不断加剧,已经影响宏观经济的均衡和持续发展。适时转变经济增长模式,由出口导向型向内需拉动型经济增长模式转变是我国经济实现可持续发展的必然路径。

就经济增长方式对于外汇储备的影响而言,正如前文所述,出口导向型经济增长方式主要以出口拉动国民经济的发展,出口贸易在一国经济发展中的地位至关重要,这种重要性程度可以采用出口依存度(出口贸易总额/GDP)来刻画,内需拉动的经济方式则以国内需求为经济增长的引擎。这两种经济方式的差异显然会反映在一国的外汇储备变化中,出口导向型经济更加依赖于外贸,其出口创汇通过外汇强制结算最终影响外汇储备规模。

近年来,我国出口依存度一直在 30% 左右,在 2008 年金融危机后,受国际市场需求下降等因素影响,我国出口依存度略有下降,可以预见,随着未来内需扩大的进一步深入,出口依存度将继续下降,因此,本书将选取出口依存度作为经济增长方式对外汇储备规模的影响因素。此外,在反映一国外汇储备总量这一存量数据方面,笔者认为在已引入出口依存度这一相对指标的前提下,引入 GDP 作为另一绝对指标将有助于体现经济体规模对于外汇储备绝对数规模的影响作用。

(2) 人民币汇率形成机制与人民币国际化的影响

人民币的币值与我国对外贸易密切相关,两者互为因果,相互影响。改革开放以来,出口导向型的、粗放的经济增长模式结合国内劳动密集型产业的成本优势,使得我国对外贸易规模持续扩大,经常项目顺差持续积累;与此同时,国际社会普遍相信我国经济增长的潜力,使得外商直接投资(FDI)流入持续增加(当然,一部分属于国际社会产业转移、以资源为导向或是对环境有重大危害的 FDI 最后仍以出口母国等为最终目的)。综合以上原因,我国已积累规模空前的外汇储备规模并每年仍以显著的速度增长,大量的外汇储备对人民币币值稳定产生了巨大的挑战,人民币面临升值压力。

2005 年 7 月 21 日,我国官方对人民币汇率形成机制进行了重大改革,决定实行以市场供求为基础的、参考一篮子货币进行调节、有管理的浮动汇率制。自此开始,人民币一直呈现波动上升趋势。截至 2018 年 7 月 24 日,人民币兑美元汇率已经从实行有管理的浮动汇率制前的 8.28 人民币/美元升至 6.7912 人民币/美元。实行有管理的浮动汇率制一方面是承认市场供求对于汇率的影响和决定机制,另一方面也是人民币推进国际化、参与国家贸易的重要前提。

然而,实行有管理的浮动汇率制并不意味着对人民币汇率的完全市场化,实则是一种肮脏浮动,但人民币长期的升值趋势仍是对我国进出口贸易影响显著的因素。

图 3.5 概括了几种主要的汇率形成机制与我国外汇储备变化的关系:人民币汇率的实际变化将最终影响我国的经常项目贸易顺差,

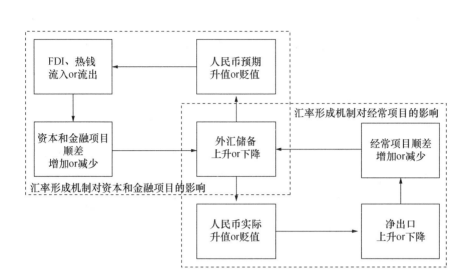

图 3.5 人民币汇率形成机制对外汇储备的影响机制

这一内涵可以从汇率对进出口贸易的影响来理解。人民币汇率的实际升值将使出口商品的国际竞争力下降,而使进口商品在国内市场的竞争力上升,最终减少经常项目的顺差;反之则亦然。人民币预期汇率的上升将最终使资本和金融项目的顺差增加,因为人民币预期汇率的上升将使 FDI、国际热钱享受未来人民币升值带来的汇率获利,人民币低估将刺激 FDI 和国际游资流入,最终增加资本和金融项目顺差;反之亦然。

综合以上分析,为刻画人民币汇率形成机制和人民币国际化对我国外汇储备规模的影响,本书将采用人民币兑美元的年度平均价指标来进行实证分析。

(3)利率的影响

利率同样是影响一国外汇储备的一个很重要的因素。利率对外汇储备的影响可以比照利率平价条件公式来说明,在汇率稳定的前提下,利率升高一方面会促使国外套利资金流入,另一方面使本国的资金流出有所减少。因为短期私人投资的流向变化主要取决于两国之间的利率差额,所以利率升高会导致本国的资本与金融项目盈余增加或赤字减少。在资本自由流动的情况下,若本国利率长期违反利率平价条件高于无套利水平,将会导致套利资本向内流入,并且理论上这一过程很快就可以完成。但是在我国资本流动受到管制的情况下,情况略有不同。当国外资产都想转移到本国的时候,导致外汇供给大于需求,这时央行为了保持汇率稳定采取冲销干预措施,收购外汇,放出本国货币,结果导致外汇储备增加。

另外,利率上升后投资相对减少,国民收入相对下降,结果导致进口减少;同时,由于收入减少,物价水平下降,价格优势导致出口增加,经常账户盈余增加或赤字减少,外汇供应不足,政府当局会收购外汇以维持汇率稳定,最终结果是导致外汇储备增加。

根据以上两个方面的分析,可以看出外汇储备是利率的增函数。但与资本自由流动的情况不同的是,我国实行资本管制时,对利率变化的调整均是通过经常性项目来完成的,所需的时间相对于资本自由流动的情况来说也更长。

(4) 国际经济环境的影响

国际经济环境对我国外汇储备的影响也不容忽视。改革开放 40 年以来,我国经济飞速发展,加入 WTO 后,外资政策逐步开放,流入我国的 FDI 规模也迅速扩大,对我国经济的发展有很大的促进作用。FDI 已成为我国利用外资的主要形式。

在正常情况下,引入 FDI 并不会导致外汇储备增加,因为发展中

第 3 章 高额外汇储备的可持续性及决定机制

国家引入外资的目的主要有两个:第一,利用外国资源弥补本国资源的不足;第二,利用外国的先进技术、管理和市场网络。为了达到这两个目的,发展中国家必须把通过 FDI 得到的外汇用于购买外国技术、管理和销售渠道等。也就是说,对应于每一笔资本项目下的流入都应该在经常项目下有一笔流出(经常项目逆差)。所以,外汇储备并不会改变。但我国企业实际上只引入外资,却没有引进外国的设备与技术,仅是把外汇换成人民币,所以导致外汇储备的增加。

热钱同样也是国际经济环境中一个很重要的因素。热钱,又称游资,或叫投机性短期资金,其目的在于用尽量少的时间以钱生钱,是纯粹投机盈利。热钱的测算方法可以简单地表达为"外汇储备增加额—商品贸易顺差—FDI 流入—汇率变动造成的估值效应—投资收益"。热钱的涌入导致外汇储备增加,部分原因是我国经济增长推动了资产价格上涨,为热钱提供了不可多得的投资机会;部分原因则在于调节国际经济关系的汇率机制受到国际政治霸权等因素的影响。最近几年,我国外汇储备快速增加,在相当程度上是由于西方国家对人民币汇率不断施加政治压力。在人民币已呈现缓慢升值的长期趋势以及我国资产价格快速上升的背景下,国际游资进入仍然是一件难以避免的事情。

相比于 FDI 对我国外汇储备的影响,热钱的变动受短期国际经济形势等因素的影响较大,其变动缺乏长期一致的趋势性,国内外对于热钱的统计和研究尚未形成一致的观点和理论;此外,对于热钱的数量统计也存在现实的难度和争议。因此,本书将主要以 FDI 的年度数据来表示国际经济环境的变化。

3.3 数据与变量

3.3.1 数据说明

本书选择1994年至2013年这20年的年度数据主要基于以下原因：一是1994年我国进行了汇率体制改革，放弃了固定汇率制度，实行"有管理的浮动汇率制度"，前后的数据差别较大；二是由于外汇储备来源的季节性较强，选择年度数据可较好地避免季度和月度数据的季节性影响；三是从1990年开始，特别是2000年以来，我国外汇储备进入快速积累时期，外汇储备的波动也较大，以此阶段作为样本区间更有针对性。样本数据主要来源于国泰安数据库、中国人民银行网站、中国外汇管理局网站、国家统计局网站，并经过整理和计算。

3.3.2 变量选择

基于上述理论分析，本书选择外汇储备规模作为因变量，选择出口总额、外商直接投资、人民币汇率及人民币利率等因素，研究它们对外汇储备规模变化的影响。选择这些变量的理由如下：

（1）出口总额（EXP）

在外汇储备的来源中，由于出口大于进口而产生的贸易顺差，进而引起的经常项目顺差，长期以来就是我国外汇储备形成的重要原

第3章 高额外汇储备的可持续性及决定机制

因。其根源在于我国长期推行出口导向型经济增长模式,大量的商品出口国外,进口商品相对较少,形成了严重的国际收支失衡。因此,出口总额的多少在某种程度上决定了外汇储备的多少,它是影响外汇储备规模的重要因素。本书选择我国出口总额的年度数据。

(2) 外商直接投资(FDI)

我国长期以来都非常重视引进外资,并将其作为一项重要的经济政策,致使我国成为世界主要的投资目的国之一。外商直接投资的持续流入,形成了资本和金融项下的大量顺差,成为外汇储备长期稳定的来源,它也是影响外汇储备最为直接和重要的因素。在此,我们选择历年实际利用外资的年度数据。

(3) 人民币汇率(ER)

由于人民币汇率长期以来被低估,近年来人民币单边持续升值,而且升值预期一直存在,虽然我国资本项目还没有完全开放,对国际资本流动的管制也相对较严,但大量的国际短期资本(热钱)为了套取汇差而想方设法通过各种渠道进入我国,同时也吸引了部分外商直接投资的进入,从两方面增加我国资本和金融项下的顺差,进而增加外汇储备。因此,人民币汇率波动又是一个影响外汇储备规模的重要原因。在此,本书选择用直接标价法下美元对人民币的年平均汇率来表示人民币汇率。

(4) 人民币利率(DR)

在我国长期实行官定利率以及还没有完全实现利率市场化的情况下,我国的利率相对国外处于较高的水平,根据利率平价理论,国内外较高的利差必然会引起国际套利资金的大量涌入,特别是2008

年国际金融危机后更为明显。与此同时,2008年以来也是我国外汇储备快速增长的阶段,这和国外游资(热钱)的大量进入不无关系。而大量游资的进入也必然导致我国资本与金融项下的顺差,从而增加外汇储备。因此,利率的变化也是引起外汇储备变动的一个不可忽略的因素。在此,我们选取中国人民银行一年期人民币整存整取存款利率来表示人民币利率水平(当一年中利率多次变动时,取其算术平均值)。

为了便于分析,我们将以上指标20年的变化趋势用图3.6表示。从图3.6可以看出,1994年以来,我国外汇储备快速增加,从

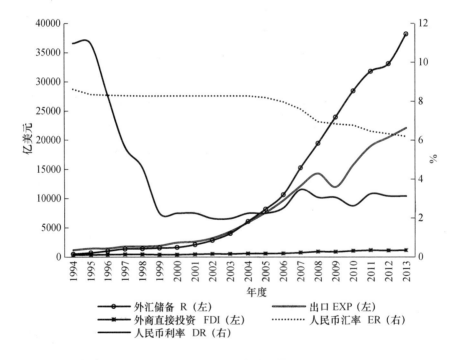

图 3.6　各变量变动趋势图

第3章 高额外汇储备的可持续性及决定机制

1994年的516.2亿美元增加到2013年的38213.15亿美元,增加了约74倍,并且还保持持续上涨的趋势。出口、外商直接投资、汇率和利率的波动各具特点,但与外汇储备都有较强的相关性。出口从1994年以来也持续增加,在2005年之前增幅与外汇储备相当,在此之后虽然保持较快的增长,但增幅相对外汇储备明显放缓,不过仍然保持上涨态势。由于出口是导致经常项目顺差的主要原因,因此它与外汇储备规模呈正相关。外商直接投资虽然没有像出口那样快速增长,但从1994年以来始终保持较高的水平,并呈现稳步增长的态势,它是形成资本与金融项下顺差的重要来源,因此它与外汇储备规模的变化也是正相关的。直接标价法下的人民币汇率持续下降,人民币从1994年的1美元兑换8.6187元人民币升值到2013年的1美元兑换6.1956元人民币,升值幅度非常大,并且还保持持续升值的趋势。在人民币持续升值的背景下,大量短期套汇资金的流入会增加资本与金融项下的顺差,从而增加外汇储备,因此人民币汇率水平与外汇储备呈负相关。人民币利率的波动幅度较大,这主要是由于我国官定利率体制下中央银行主动干预利率的结果。1993年,我国出现了严重的通货膨胀,央行提高了利率,随着通货膨胀的逐步消除,经过多次降息,利率在1999年后处于一个相对低位的区间;之后保持相对稳定,但我国的利率水平相对国外来说还是较高,特别是2008年国际金融危机后国内外利差明显扩大,致使大量套利资金流入我国,从而增加了资本与金融项下的顺差。因此,人民币利率与外汇储备规模的变化也是正相关的。

3.4 实证分析

3.4.1 单位根 ADF 检验

在建立 VAR 模型之前,为了避免变量之间的伪回归现象,需要对单位根进行检验,并以此来判断各变量的平稳性。为此,本书采用 ADF(Augment Dikey-Fuller)检验法进行单位根检验,利用 Eviews 软件实现,结果如下:

表 3.1 各变量单位根检验结果

变量	检验形式 (I,T,P)	ADF 检验值	临界值 (1%显著水平)	临界值 (5%显著水平)	结论
LNR	$(I,N,1)$	-0.551307	-3.857386	-3.040391	不平稳
ΔLNR	$(I,N,1)$	-3.559224	-3.886751	-3.052169	平稳*
LNEXP	$(I,N,1)$	-0.293346	-3.831511	-3.029970	不平稳
ΔLNEXP	$(I,N,1)$	-3.974442	-3.857386	-3.040391	平稳
LNFDI	$(I,N,1)$	-0.174937	-3.831511	-3.029970	不平稳
ΔLNFDI	$(N,N,1)$	-2.762654	-2.699769	-1.961409	平稳
LNER	$(I,N,1)$	1.325359	-3.831511	-3.029970	不平稳
ΔLNER	$(N,N,1)$	-2.060663	-2.699769	-1.961409	平稳*
LNDR	$(I,N,1)$	-2.537921	-3.831511	-3.029970	不平稳
ΔLNDR	$(I,N,1)$	-3.184757	-3.857386	-3.040391	平稳*

注:(1)检验形式中的 I 和 T 表示常数项和趋势项,P 表示根据 AIC 原则确定的滞后阶数,N 表示检验方程中此处对应项不存在。(2)当 ADF 值大于临界值时,说明序列不平稳,*表示在 5%显著性水平下平稳,无标志说明在 1%显著性水平下平稳。(3)Δ 表示对变量进行差分。

ADF 检验结果表明,所有变量均满足一阶单整,如存在长期均衡关系,即协整关系,则建立 VAR 模型。

3.4.2 VAR 模型的建立与估计

通过克里斯托弗·西姆斯(Christopher Sims)在 1980 年提出的向量自回归(VAR)模型可预测相互联系的时间序列和分析随机扰动对变量系统的动态冲击,在解释各种经济冲击对经济变量形成的影响方面有着明显的优势。因此,本书选择 VAR 模型分析各种经济因素对外汇储备规模的冲击。

VAR(p)模型的基本数学表达式为:

$$y_t = \Phi_1 y_{t-1} + L + \Phi_p y_{t-p} + Hx_t + \varepsilon_t, \quad t = 1, 2, L, T \quad (3.1)$$

其中,y_t 是 k 维内生变量列向量,x_t 是 d 维外生变量列向量,p 是滞后阶数,T 是样本个数,$k \times k$ 维矩阵 $\Phi_1 L \Phi_p$ 和 $k \times d$ 维矩阵 H 是待估系数矩阵,ε_t 是 k 维扰动列向量,式(1)也可展开为:

$$\begin{bmatrix} y_{1t} \\ y_{2t} \\ M \\ y_{kt} \end{bmatrix} = \Phi_1 \begin{bmatrix} y_{1t-1} \\ y_{2t-1} \\ M \\ y_{kt-1} \end{bmatrix} + L + \Phi_p \begin{bmatrix} y_{1t-p} \\ y_{2t-p} \\ M \\ y_{kt-p} \end{bmatrix} + H \begin{bmatrix} x_{1t} \\ x_{2t} \\ M \\ x_{kt} \end{bmatrix} + \begin{bmatrix} \varepsilon_{1t} \\ \varepsilon_{2t} \\ M \\ \varepsilon_{kt} \end{bmatrix}, \quad t = 1, 2, L, T$$

(3.2)

接下来,我们建立 VAR 模型,研究出口总额 EXP、外商直接投资 FDI、人民币汇率 ER 及利率 DR 对外汇储备可持续性的影响,在对变量按前文所述的方法处理后,再进行参数估计,结果如下:

$$\begin{bmatrix} \text{LNR} \\ \text{LNEXP} \\ \text{LNFDI} \\ \text{LNER} \\ \text{LNDR} \end{bmatrix} = \begin{bmatrix} 1.33 \\ 1.35 \\ 16.03 \\ -0.49 \\ 16.96 \end{bmatrix} + \begin{bmatrix} 1.18 & 0.40 & -0.15 & 0.72 & -0.63 \\ 0.69 & 0.76 & -0.53 & 3.25 & -0.03 \\ 0.78 & 0.03 & -0.39 & -1.12 & 0.11 \\ 0.01 & -0.04 & 0.05 & 0.64 & -0.03 \\ 1.01 & 1.38 & -1.83 & -1.85 & 0.37 \end{bmatrix}$$

$$\times \begin{bmatrix} \text{LNR}_{t-1} \\ \text{LNEXP}_{t-1} \\ \text{LNFDI}_{t-1} \\ \text{LNER}_{t-1} \\ \text{LNDR}_{t-1} \end{bmatrix} \begin{bmatrix} -0.80 & 0.45 & -0.06 & -1.52 & -0.06 \\ -0.57 & 0.17 & 0.32 & -3.40 & -0.04 \\ -0.36 & -0.13 & -0.54 & -2.06 & -0.09 \\ -0.10 & 0.04 & 0.17 & 0.27 & -0.01 \\ -0.97 & -0.88 & -0.18 & -2.50 & 0.41 \end{bmatrix}$$

$$\times \begin{bmatrix} \text{LNR}_{t-2} \\ \text{LNEXP}_{t-2} \\ \text{LNFDI}_{t-2} \\ \text{LNER}_{t-2} \\ \text{LNDR}_{t-2} \end{bmatrix} + \begin{bmatrix} \varepsilon_{1t} \\ \varepsilon_{2t} \\ \varepsilon_{3t} \\ \varepsilon_{4t} \\ \varepsilon_{5t} \end{bmatrix}$$

为了判别 VAR 系统是否平稳，我们对模型进行了平稳性检验，结果如图 3.7 所示。

从图 3.7 可以看出，VAR 模型的特征根都位于单位圆内，因此模型是一个平稳的 VAR 系统，而且由于它的系数绝大部分都很显著，所以我们选择滞后阶数为 2 的 VAR 模型。软件运算结果表明，LNR、LNEXP、LNFDI、LNER 和 LNDR 五个方程的拟合优度都较好，分别达到 0.9982、0.9984、0.9969、0.9948 和 0.9912。因此，可利用 VAR 模型展开进一步分析。

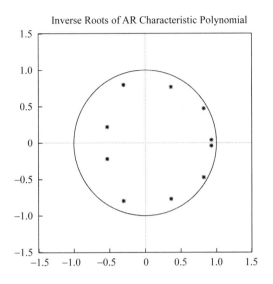

图 3.7 VAR 模型的平稳性检验

3.4.3 Granger 因果关系检验

本书中的 Granger 因果关系检验是针对 VAR 模型的检验,因此所选的统计量是 χ^2。基于前面建立的 VAR 模型检验外汇储备、出口、外商直接投资、汇率及利率之间是否有显著的 Granger 因果关系,检验结果如表 3.2 所示。

从表 3.2 中可以看出,在外汇储备规模 LNR 方程中,从单变量检验来看,只有出口总额 LNEXP 是引起外汇储备 LNR 变化的格兰杰原因,外商直接投资 LNFDI、人民币汇率 LNER 和利率 LNDR 都不是单独引起外汇储备变化的格兰杰原因。但四个变量对外汇储备的联合检验却表明,它们是共同引起外汇储备变动的格兰杰原因,而

表 3.2 Granger 因果关系检验结果

方程	原假设	χ^2 统计量	自由度	P 值	结论
LNR 方程	LNEXP 不能 Granger 引起 LNR	3.24	2	0.198	拒绝***
	LNFDI 不能 Granger 引起 LNR	0.13	2	0.9359	接受
	LNER 不能 Granger 引起 LNR	1.23	2	0.5408	接受
	LNDR 不能 Granger 引起 LNR	2.62	2	0.2702	接受
	所有因素共同 Granger 引起 LNR	13.92	8	0.0838	拒绝**
LNEXP 方程	LNR 不能 Granger 引起 LNEXP	3.61	2	0.1648	拒绝***
	LNFDI 不能 Granger 引起 LNEXP	1.02	2	0.6005	接受
	LNER 不能 Granger 引起 LNEXP	3.66	2	0.1603	拒绝***
	LNDR 不能 Granger 引起 LNEXP	0.92	2	0.6309	接受
	所有因素共同 Granger 引起 LNEXP	32.47	8	0.0001	拒绝*
LNFDI 方程	LNR 不能 Granger 引起 LNFDI	10.29	2	0.0058	拒绝*
	LNEXP 不能 Granger 引起 LNFDI	0.58	2	0.7497	接受
	LNER 不能 Granger 引起 LNFDI	28.07	2	0.0000	拒绝*
	LNDR 不能 Granger 引起 LNFDI	1.65	2	0.4389	接受
	所有因素共同 Granger 引起 LNFDI	58.38	8	0.0000	拒绝*

（续表）

方程	原假设	χ^2 统计量	自由度	P 值	结论
LNER 方程	LNR 不能 Granger 引起 LNER	3.69	2	0.1578	拒绝***
	LNEXP 不能 Granger 引起 LNER	1.12	2	0.5710	接受
	LNFDI 不能 Granger 引起 LNER	5.09	2	0.0786	拒绝**
	LNDR 不能 Granger 引起 LNER	8.19	2	0.0167	拒绝*
	所有因素不能共同 Granger 引起 LNER	22.35	8	0.0043	拒绝*
LNDR 方程	LNR 不能 Granger 引起 LNDR	5.41	2	0.0668	拒绝**
	LNEXP 不能 Granger 引起 LNDR	18.18	2	0.0001	拒绝*
	LNFDI 不能 Granger 引起 LNDR	6.82	2	0.0330	拒绝*
	LNER 不能 Granger 引起 LNDR	7.73	2	0.0210	拒绝*
	所有因素不能共同 Granger 引起 LNDR	33.89	8	0.0000	拒绝*

注：若检验概率 $p<0.05$，表示在 5% 的显著性水平下拒绝原假设，*、**、*** 分别表示在 5%、15%、20% 显著性水平下拒绝原假设，接受备择假设。

且非常显著。在出口总额 LNEXP 方程中，外汇储备 LNR 和人民币汇率 LNER 是单独引起出口变动的格兰杰原因，而外商直接投资 LNFDI 和人民币利率 LNDR 不是单独引起出口变动的格兰杰原因，但四个变量对出口总额的联合检验表明，它们是共同引起出口变动的格兰杰原因。在外商直接投资 LNFDI 方程中，外汇储备 LNR 和人民币汇率 LNER 是引起外商直接投资的格兰杰原因，而出口总额 LNEXP 和人民币利率 LNDR 不是单独引起外商直接投资的格兰杰原因，但在联合检验中它们都是共同引起外商直接投资的格兰杰原因；在人民币汇率 LNER 方程中，从单变量来看，除出口总额 LNEXP 外，其他三个因素都是引起人民币汇率变动的格兰杰原因，而且四个因素的联合检验表明它们是共同引起人民币汇率变动的格兰杰原因。在人民币利率 LNDR 方程中，不论是从单变量检验还是四变量联合检验来看，它们都是引起人民币利率变化的格兰杰原因，而且都非常显著。

综合五个方程的检验结果，从 VAR 系统来看，出口总额、外商直接投资、人民币汇率和人民币利率都是引起外汇储备变动的主要原因，检验结果与前面的理论分析相吻合，这说明本书构建的 VAR 模型是合理的。

3.4.4 脉冲响应和方差分解

在上述对 VAR 模型估计的基础上，为了进一步刻画各自变量对外汇储备规模的影响，我们运用广义脉冲响应函数来进行分析，以克服传统采用"正交"函数对 VAR 模型进行动态分析时，分析结果严格依赖于模型中的变量次序的缺陷。为此，我们对所建立的 VAR 模型采用广义脉冲响应方法,分别给 LNEXP、LNFDI、LNER、LNDR 四个解释变量一个正的冲击,得到关于 LNR 的脉冲响应函数,如图 3.8 所示:

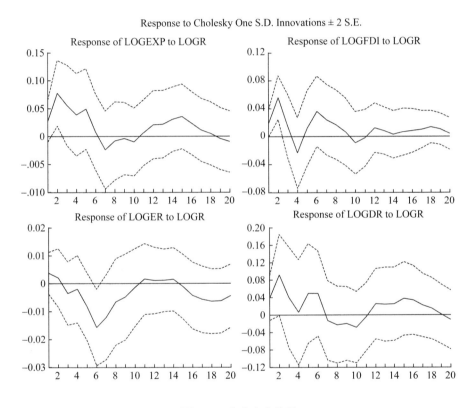

图 3.8 脉冲响应结果

从图 3.8 可看出,在当期给 LNEXP 一个正的冲击后,外汇储备 LNR 很快就会作出回应,并在第 2 期达到最高值,之后开始下降。这说明出口对外汇储备的影响是非常明显和直接的,因此出口是影响外汇储备可持续性的一个短期的重要因素。在当期给 LNFDI 一个正的冲击后，LNR 的反映也非常敏感，并在第 2 期达到峰值，在第 6 期之后开始逐步下降。这说明外商直接投资不仅会直接形成外汇储备，而且是外汇储备的一项长期来源，因此它是影响外汇储备可持续性的一个直接的、长期的重要因素。在当期给 LNER 一个正的冲击后，LNR 的反映也同样不敏感，波幅较小，并且从第 2 期开始下降，到第 6 期才反弹回升，并在第 10 期左右达到峰值，之后保持一个相对稳定的趋势。这说明人民币短期汇率的波动虽然会引起部分热钱的外逃，使外汇储备短期内出现下降，但在人民币汇率升值及其长期升值预期存在的情况下，国际资本会通过各种渠道持续流入，因此，人民币汇率是影响外汇储备增长和可持续性的一个重要的、长期的因素。在当期给 LNDR 一个正的冲击后，LNR 就会立即响应，在第 2 期达到一个高点，并且这种趋势保持时间较长，而在第 6 期之后才快速下降，从总体上看相对其他三个变量波动幅度最大。这说明人民币利率的波动会导致国内外利差的扩大，特别是在我国还没有完全实现利率市场化及长期存在高利率的情况下，大量的套利资本会涌入我国，同时也会在利率波动时发生逆转而外流，从而引起外汇储备的大幅波动。因此，人民币利率是影响外汇储备可持续性的一个既是短期又是长期的因素。

总之，从脉冲响应分析可以看出，在影响外汇储备可持续性的因素中，从期限上看，出口是影响外汇储备直接的、短期的决定因素，外商直接投资和人民币汇率是外汇储备长期的决定因素，而人民币利率既是长期因素又是短期因素。从波动幅度看，出口和人民币利率的波动幅度最为明显，说明外汇储备对它们的敏感性较高，而外商直接投资和人民币汇率的波动幅度相对较小。

第 3 章 高额外汇储备的可持续性及决定机制

至此,我们已经检验了各变量与外汇储备规模之间的相关性,但未能给出各影响因素对外汇储备规模的贡献度。为了进一步深入研究出口、外商直接投资、人民币汇率和利率对外汇储备的影响程度,并分解出决定外汇储备规模变动的短期、长期因素,我们在上述 VAR 模型的基础上,利用方差分解法来分解出各变量对外汇储备规模的贡献度,以刻画它们的相对重要程度,结果见表 3.4:

表 3.4 方差分解表

期数	LNR	LNEXP	LNFDI	LNER	LNDR
1	100.0000	0.0000	0.0000	0.0000	0.0000
2	96.8661	2.3420	0.7539	0.0027	0.0353
3	81.7921	15.8236	1.8110	0.3196	0.2536
4	69.3352	27.1526	2.4440	0.4234	0.6448
5	63.9424	31.9560	2.2134	0.6811	1.2072
6	61.2106	32.4818	2.5291	1.8758	1.9028
7	56.9574	31.3246	4.1188	5.0499	2.5493
8	51.4678	29.8298	5.7908	9.8835	3.0282
9	47.6116	28.1293	6.8433	14.1354	3.2804
10	45.8175	26.6874	7.4198	16.6891	3.3862
11	44.7916	26.0683	7.7063	17.9935	3.4404
12	44.4250	25.8581	7.7372	18.5235	3.4562
13	44.9363	25.4593	7.6110	18.5519	3.4416
14	45.8173	24.9699	7.4968	18.2981	3.4180
15	46.5828	24.6387	7.4151	17.9486	3.4148
16	47.1504	24.4529	7.2864	17.6511	3.4593
17	47.4156	24.3159	7.1671	17.5401	3.5613
18	47.1500	24.1675	7.1900	17.7841	3.7084
19	46.4049	23.9206	7.3955	18.4190	3.8600
20	45.5726	23.5225	7.6940	19.2392	3.9717

从表 3.4 可以看出,外汇储备会受到自身新息、出口、外商直接投资、汇率和利率的影响。其中来自自身新息的影响非常显著,它从第 1 期的 100% 稳步下降到第 20 期的 45.57%,这说明外汇储备的变化具有明显的惯性特征,因此自身新息是决定外汇储备规模的重要因素,它在各影响因素中具有举足轻重的地位。出口 LNEXP 贡献度呈现先升后降、稳中有降趋势,从第 1 期的没有影响到第 6 期达到最高的 32.48%,之后缓慢下降,到第 20 期下降到 23.52%,它是除外汇储备自身之外影响较大的又一个重要因素。这说明我国长期以来的出口导向型经济增长方式产生了大量贸易顺差,使经常项下的外汇流入成为常态,从而导致外汇储备持续增加,但这种趋势会随着我国经济增长方式从出口导向型向内需拉动型转变而下降。

外商直接投资 FDI 的贡献度从第 1 期到第 20 期都保持在 10% 以下,并且从第 10 期开始就相对稳定,始终保持在 7.5% 左右。这与我国改革开放以来一直鼓励外商直接投资直接相关,FDI 的流入在短期内对外汇储备的影响不大,但它是一个长期稳定的影响因素。

人民币汇率 LNER 的贡献度表现出稳中有升态势,但在前 5 期对外汇储备的贡献度都在 1% 以下,从第 7 期开始快速增加,并在第 20 期达到 19.23%,可见它对外汇储备的贡献度越来越大,成为影响外汇储备的一个重要因素。

人民币利率 LNDR 的贡献度尽管都在 5% 以下,但一直处于上升趋势,并且从第 10 期开始就保持在 3.5% 左右,这说明人民币利率虽然从表面上看贡献度并不高,但它不是直接因素,它的作用会间接通过其他变量(比如外商直接投资、贸易等)来体现,因此不能忽视利率的作用,并且它也是一个重要的、长期的影响因素。

3.5 本章总结

本章通过构建理论分析框架,分析外汇储备可持续性的决定机制和影响因素,选择我国相关数据和变量,建立 VAR 模型并进行实证检验,刻画各因素与外汇储备之间的相关性,分解各因素对外汇储备规模的贡献度,从而识别决定外汇储备的短期和长期因素。

(1)理论分析表明,决定我国高额外汇储备的主要因素有出口总额、外商直接投资、人民币汇率和人民币利率,而决定外汇储备可持续性的机制有出口导向机制、长期利益分享机制和短期套利机制,这三种机制共同决定了我国高额外汇储备可持续性的短期波动和长期趋势。

(2)实证结果显示,出口是影响外汇储备可持续性直接的、短期的因素,外商直接投资和人民币汇率是长期的决定因素,而人民币利率既是短期因素又是长期因素。从波动幅度看,进口和人民币利率的波动幅度最为明显,说明外汇储备对它们的敏感性较高,而外商直接投资和人民币汇率的波动幅度相对较小。因此,我国外汇储备不仅有结构特征,还有明显的短期波动和长期趋势。

(3)短期内,我国人民币升值预期还将存在,加之汇率和利率市场化改革的深化,都会引致国际资本的大量涌入,从而使外汇储备规模短期内保持较高的水平。从长期看,随着经常项目顺差的减少,外汇储备缺乏长期稳定的来源,人民币升值预期逐渐减弱,套利空间也随之缩小,加之 FDI 的投资收益率会随着我国经济增长速度的放缓而下降,资本金融项目对外汇储备的贡献度也随之降低。因此,从长期看,我国经常项目和资本金融项目的双顺差会减少,相应的外汇储备规模也会下降。

(4) 随着我国经济增长方式的转变以及金融开放的进一步加快,外汇储备规模会发生明显的变化。一方面,随着经济增长方式由出口导向型向内需拉动型转变,长期以来通过扩大出口产生的贸易顺差,并由此获得大量经常项目顺差而增加外汇储备的基础已逐步消失,因此,经常项下稳定的来源会受到影响,它对外汇储备的贡献度也会相应下降。另一方面,随着我国金融开放的深入,特别是资本项目的进一步开放,在套利动机的驱使下,会有大量国际资本流入,资本与金融项目对外汇储备的贡献度会增加,但这种来源不太稳定,甚至会产生金融风险。因此,在外汇储备管理中,应稳定外汇储备的来源和质量,实现保值增值目标,并充分发挥其维护金融安全的功能。

第 4 章　外汇储备的多层次需求与最优规模

4.1　引　　言

巨额的外汇储备对保障我国金融安全无疑起着重要的作用,但外汇储备并非多多益善。一方面,虽然我国近年来充足的外汇储备在维护国际收支平衡、抵御金融风险、稳定汇率以及提高我国国际信誉等方面发挥了积极的作用;但一方面,持有外汇储备是要付出代价的。由于我国外汇储备绝大多数以外国政府债券的形式持有,持有此类债券不仅收益率较低,而且会因发行国货币的贬值而导致我国外汇储备资产的贬值,使我国外汇储备面临较高的市场风险和机会成本,从而使我国外汇储备处于"双缩水"的境地。此外,在我国现行外汇储备管理体制下,大量的外汇储备迫使中央银行被动投放基础货币而增加货币供给,从而加大了通货膨胀压力和中央银行实施货币政策的难度。由此可见,保持适度的外汇储备规模,不仅可以以最小的外汇储备规模满足各层次外汇储备的需求,从而减少外汇储备的"无偿"占有量,而且可将超额的外汇储备尽可能地用于投资,优化外汇储备持有结构,以达到外汇储备保值增值的目标,从而最大限度地减少外汇储备的持有成本和降低风险。因此,确定一个最优(适度)的外汇储备规模对我国经济的健康发展有着重要的意义。

随着近年来我国外汇储备规模的迅速扩大,外汇储备问题已经引起我国政府和学术界的广泛关注,特别是对外汇储备最优规模的争论日渐白热化。

在国外,对外汇储备适度规模的研究可谓由来已久,目前已经形成一些较为成熟的理论。最早研究外汇储备适度规模的是凯恩斯(Keynes,1930),他引入国际储备需求的分析,认为决定一国的国际储备需求的因素主要有外源因素导致的耗竭的可能程度、贸易结构以及贸易差额的波动性,从而为国际储备的研究开辟了新的视野。特里芬(R. Triffin,1960)首创外汇储备规模的比例分析法,该计量方法开创了以数量化模型度量外汇储备适度规模的先河。之后20世纪60年代末以海勒(H. R. Heller,1966)和70年代末以阿格沃尔(J. Agaraual,1971)为代表的经济学家提出了成本收益法(机会成本法),他们认为,当一国持有外汇储备的边际成本等于边际收益时就是最优的外汇储备规模。而以佛兰德斯(Flanders,1969)、佛兰克尔(Frenkel,1973)和埃尤哈(Iyoha,1971)为代表提出的储备函数分析法(回归分析法)弥补了比例分析法的诸多不足,他们认为,决定一国外汇储备的因素是多种多样的,为此,他们通过设计包含多种影响因素的参数模型来构建外汇储备需求函数,并以此确定适度的外汇储备规模。之后,又涌现了一些测度外汇储备适度规模的方法,如因素分析法、非结构化分析法、质量分析法、目标分析法及"衣柜效应"分析法等。

第4章 外汇储备的多层次需求与最优规模

之后,对外汇储备适度规模的研究经过一个相对沉寂的时期后,由于近年来金融危机频频发生,人们对外汇储备预防金融风险的特殊作用又有了新的认识,对外汇储备适度规模的研究又再次升温。Durdu et al.(2009)以金融全球化、经济波动以及资本流入的突然停止作为小国开放经济的影响因素,得出估计一国预防性储蓄最优水平的方法。Barnichon(2008)、Jeanne and Ranciere(2008)提出了一个小国开放经济下的最优外汇储备测度模型,在此基础上构建了相应的理论分析框架。Jeanne、Olivier and Ranciere(2011)在原有效用最大化模型的基础上加入"自我保险"机制,进一步分析了新兴市场国家在1998年以后外汇储备激增的原因,并测度出适度外汇储备规模。Kathryn(2012)研究了金融危机背景下各国外汇储备的持有动机。

Calvo et al.(2012)则认为,在测度适度外汇储备规模时应充分考虑各国央行平衡资本骤停的期望成本与持有外汇储备的机会成本,从而发现拉丁美洲国家的外汇储备规模与这种预防性最优规模基本一致,而亚洲国家则明显超过这一水平。Chen et al.(2012)利用非对偶模型,并对数据进行 VAR 协整分析,计算出外汇储备的交叉弹性对消费者物价指数的影响——外汇储备的增加将导致货币供应量的增加,从而导致价格水平的提高。Zhang et al.(2013)建立起基于随机过程的外汇流动性管理模型(FERLM),还通过在持有外汇储备和流动性不足中寻求资本收益的平衡,为外汇储备设立一个可行的目标比例。Enrique et al.(2016)运用标准面板回归模型分析了1991年至2010年间的63个国家,得出外汇储备具有稳定资本流动的作用,认为应改进目前衡量储备充足性的方法以更好地解释居民投资者的作用。Marcel（2017）通过对1998年第四季度至2011年第四季度外汇储备数据的实证分析得出,重商主义在储蓄积累中所占比重不足10%,预防动机和其他因素似乎是我国外汇储备激增的主要决定因素。Zhou et al.（2018）以金融安全为视角,尝试性地构建基于效用最大化的外汇储备最优规模分析框架,选择相关数据模拟出我国的最优外汇储备规模。结果表明,在资本流入骤停情况下,我国1994—2017年的平均最优外汇储备规模为GDP的13.53%。

  国内研究虽然相对滞后,但从未停止过,特别是随着近年来我国外汇储备规模屡创新高,研究外汇储备规模的文献也层出不穷。武剑（1998）构建了我国适度外汇储备规模的测度模型。谭跃、王佳讯（1999）提出了一个外汇储备适度规模的时滞因素模型。金雪军、刘春杰（2000）探讨和评价了一些测度我国外汇储备适度规模的模型,并认为直接套用其中的某一种模型似乎并不可取。王元龙（2003）认为,确定我国外汇储备规模将面临两难选择。刘莉亚、任若恩（2004）的研究表明,我国外汇储备实际规模20世纪80年代以来的变动轨迹与适度规模基本上是一致的。陈湛匀（2006）认为,在人民币升值压力下我国外汇储备规模较高,已明显超出适度外汇储备的理论区间。史祥鸿（2008）在对阿格沃尔模型进行修正的基础上探讨了当前我国外汇储备的合理规模。王群琳（2008）通过对我国外汇储备规模的实证研究表明,2005年我国实行汇率制度改革以来,我国的外汇储备规模一直是适度的。李巍、张志超（2009）认为,当前我国外汇储备正处于合意的区间范围之内。而陈湛匀（2006）认为,在人民币升值压力下我国外汇储备规模较高,明显超出适度外汇储备的理论区间。孔立平（2010）认为,在全球金融危机的背景下,我国外汇储备规

第4章 外汇储备的多层次需求与最优规模

模是超额的。张斌等(2010)认为,我国真实有效收益率低于以美元计价的外汇储备收益率,从而面临外汇储备缩水的风险。周光友、罗素梅(2011)的研究表明,我国目前的外汇储备明显过剩。韩立岩等(2012)的研究结果表明,当前我国外汇储备规模过大,可向主权财富基金追加,以实现收益的最大化,同时提出具体的调整策略。满向昱等(2012)则将目光放至包括我国在内的金砖国家,发现中国、俄罗斯、巴西外汇储备规模正在偏离最优值,而南非处于不足状态,印度目前则保持了适度规模。姜波克、任飞(2013)以汇率为核心变量,通过引入双均衡模型来研究一国长期的外汇储备适度规模。

周光友、罗素梅(2013、2014)认为,我国外汇储备严重过剩,在将外汇储备资产划分为不同层次的基础上对其进行了优化配置。盛松成、龙玉(2017)认为,当前我国外汇储备充足以及人民币国际地位的提高导致我国对外汇储备的依赖性和维持较大规模外汇储备的必要性下降,我国正从贸易大国向对外投资大国转变,外汇储备规模应当与经济发展所处的阶段相适应。王伟、杨娇辉和王凯立(2018)研究发现,各国在外汇储备管理实践中并未充分执行基于外部风险敞口加权的合意储备规则,而且当前的合意储备规则并未充分考虑国家异质性因素。为了便于研究,我们将相关的文献归纳为规模不足论、适度规模论和超额规模论(如表2.2所示)。

国内外研究现状表明,确定一国外汇储备最优规模具有重要的意义,理论界对此问题的研究可以说是多层次、全方位的。已有研究取得的成果不仅在理论上有了重要的突破,为今后外汇储备理论的发展奠定了基础,而且也对不同时期一国管理外汇储备起到积极的作用,因此具有重要的理论与现实意义。然而,遗憾的是,已有的研究还存在明显的缺陷:一是虽然研究外汇储备最优规模的成果很多,但大多数是以发达国家为研究对象,因此这些成果更适用于发达国家;二是虽然近年来随着新兴市场国家经济的崛起,关于国家外汇储备最优规模的研究成果层出不穷,但绝大多数成果是在以多个国家数据为样本的基础上形成的,由于此类国家众多,研究成果虽然具有普遍性,但恰恰由于这种普遍性造成其成果对单个国家来说适用性并不强,因此能够用于衡量不同国家的、通用的模型非常少,特别是对经济高速增长的发展中国家来说参考意义并不大;三是为了克服上述普遍性带来的缺陷,近年来关于外汇储备最优规模的研究有侧重于国别研究的趋势,也针对不同国家得出不同的确定外汇储备最优规模的模型或测度方法,但由于影响一国外汇储备规模的因素很多,从不同的角度对外汇储备最优规模进行研究得出的结论会大相径庭,从而在为决策部门提供参考时会使其无所适从,因此,研究成果的实际参考价值并不大;四是由于一国在不同发展阶段所面临的经济环境不同,不同时期外汇储备管理的目标也各异,因此,用同一种方法测度不同时期外汇储备的最优规模也是不科学和不可靠的。

　　随着近年来我国外汇储备的快速增加,国内学者展开了一场旷日持久的讨论,从不同角度研究我国外汇储备最优规模的确定,其中不乏很多有价值的成果,为今后的研究打下了坚实的基础。但研究中也存在一些不足:一是采用国外现成的模型,虽然有的学者对它们进行了修正,但还是难以符合我国的实际,由此得到的最优外汇储备规模也值得商榷;二是大多数学者认为,我国外汇储备最优规模取决于各个层次对外汇储备的需求,在测度时虽然在各层次外汇储备需求的规模上有所差别,但在测算总规模时却将各种层次外汇储备进

第 4 章　外汇储备的多层次需求与最优规模

行简单加总就得到外汇储备的最优规模,并没有考虑各种层次外汇储备之间的相互替代关系,也忽略了多层次外汇储备需求规模存在时的结构变化,而这种替代效应和结构变化必然会对外汇储备的最优规模产生重要影响。为此,本书研究的目的在于探寻多层次外汇储备需求规模的替代效应,以及不同层次外汇储备需求规模的变化对外汇储备最优规模的影响机理,并确定最优的外汇储备规模。

本书以外汇储备功能演变为视角,将外汇储备划分为不同的需求层次,并在此基础上构建基于多层替代效应的外汇储备需求决定模型;同时选取金砖国家的数据检验外汇储备与决定因素的相关性,再进一步选择中国的数据,测算出外汇储备最优规模、理论规模和超额规模,并将最大规模(理论规模)和最小规模(动态规模)分别作为我国外汇储备规模适度区间的上限和下限,从而确定外汇储备规模的适度空间。

4.2　外汇储备的多层次需求

一国持有外汇储备的目的在于满足平衡国际收支、偿还外债本息、干预外汇市场、保持金融安全稳定以及维护本国信心等的需求。而外汇储备要满足上述多样化的需求必然需要相应的外汇储备,正是这种多样化的需求决定了满足各种需求及实现各种功能的外汇储备需求是多层次的。因此,为了分析外汇储备的多层次需求,我们引入马斯洛需求层次理论的思想。马斯洛需求层次理论将人们的需求依次由低层次到高层次分为生理需求、安全需求、社会需求、尊重需求和自我实现需求五类。

之所以用该理论分析外汇储备的多层次需求,主要是由于个人各种需求的满足与一个国家对外汇储备需求的满足有着很多共性。首先,在马斯洛看来,人都有五种不同层次的需求,但在不同时期表现出的对各种需求的迫切程度并不相同。同样,由于一国外汇储备需求的多样化决定了其需求也是多层次的,并且在一国不同的发展阶段及持有不同外汇储备规模时对外汇储备需求的迫切程度也是不同的,这为外汇储备需求层次的划分提供了理论依据。其次,马斯洛认为,人的需求可按其重要性和层次性从低级到高级排成一定的次序,即从基本的需求(如食物和住房)到复杂的需求(如自我实现)。同样,一国对外汇储备的需求也是有先后顺序的,即根据需求的迫切程度依次满足基本需求(如进口需求和FDI利润回流需求)、安全稳定需求、信用保证需求以及投机需求(盈利需求)等。再次,马斯洛和其他行为科学家都认为,一个国家多数人的需求层次结构,是同这个国家的经济发展水平、科技发展水平、文化和人民受教育的程度直接相关的。同样,一国对外汇储备的需求也受到各种主客观因素的影响,如经济规模、金融安全、对外开放程度甚至是政治因素等。最后,马斯洛还认为,当人的某一级需求得到最低限度的满足后,才会追求高一级的需求,如此逐级上升,成为继续努力的内在动力。事实上,当一国的外汇储备规模不足时也只能满足或部分满足该国最低层次的需求,此时一国也会努力寻求通过各种途径获得更多的外汇储备来满足更高层次的需求,最终,如果一国具有超额外汇储备则可满足高层次的需求。由此可见,将马斯洛的需求层次理论用于分析一国

第 4 章 外汇储备的多层次需求与最优规模

外汇储备的需求是可行的。

根据马斯洛需求层次理论,我们也可相应地将一国的外汇储备需求划分为基本交易需求、安全稳定需求、信用保证需求和投机盈利需求四个层次,并将各层次的外汇储备需求根据需求的迫切程度由低级向高级排列,如图 4.1 所示:

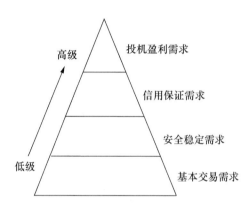

图 4.1 外汇储备需求层次

4.2.1 基本交易需求

外汇储备基本交易需求是一国为了满足日常经济交往、必须优先得到满足的外汇储备需求,因此它是一国"生存性"的需求,也是各外汇储备需求层次中最低层次的需求。它主要包括一国一定时期内进口商品和服务所需的外汇储备需求以及外商直接投资的利润回流需求两部分。

4.2.2 安全稳定需求

安全稳定需求又称预防性、谨慎性需求,是一国为了满足本国经济金融安全稳定的需要而产生的外汇储备需求,主要包括外债偿付、干预外汇市场等方面的需求。随着国际交往的频繁,以及经济金融全球化步伐的加快,影响金融安全的因素也愈加复杂,近年来,金融危机的频发使世界各国充分认识到保持金融安全与稳定的重要性。与此同时,随着外汇储备功能的不断演变,外汇储备在维护一国金融安全与稳定以及防范金融风险中的特殊作用日益显现,因此,外汇储备已成为维护金融安全稳定的重要保证。

4.2.3 信用保证需求

信用保证需求是一国为了增加公众对货币当局和本国经济的信心而产生的外汇储备需求。在当今世界,"保持信心"在外汇储备管理中显得日益重要,甚至被视为外汇储备管理的核心。

4.2.4 投机盈利需求

投机性需求是指一国在满足上述外汇储备需求后还有更多的外汇储备时,或者持有上述外汇储备而暂时不需要时,为了减少持有外汇储备的机会成本或风险,外汇管理当局通过在金融市场上进行投机或进行风险管理,来增加收益,减少持有成本,进而降低风险而产生的外汇储备需求。

4.3 理论模型

4.3.1 外汇储备的静态规模及其决定

由上述分析可知,我们引入马斯洛需求层次理论分析外汇储备需求层次的目的在于,通过对各层次外汇储备需求的分析,最终确定一个最优的外汇储备规模。在此,为了便于分析,我们提出以下几个假设:外汇储备由多层次需求构成,并且各需求层次之间是相互独立的,即它们之间互不影响;外汇储备的需求是有先后顺序的,并且它们的需求规模不一定相等;当本国外汇储备规模不足时,很难通过国际融资来弥补。基于上述假设,外汇储备的规模就是将各层次的外汇储备需求进行加总(我们将此规模称为理论规模)。如果我们将各层次的需求规模分别视为一个圆的面积,那么外汇储备的理论规模即为各个圆面积之和,如图 4.2 所示:

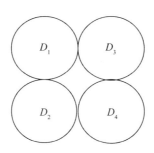

图 4.2 理论规模

如果用 D_1、D_2、D_3 和 D_4 分别表示基本交易需求、安全稳定需求、信用保证需求以及投机盈利需求，D_R 表示理论规模，即直接将各层次外汇储备需求加总而得到的外汇储备规模。根据上述假设，各层次外汇储备需求之间是独立的，即它们之间没有交集，并且当一国外汇储备不足或只能满足部分需求时，则依次满足基本交易需求、安全稳定需求、信用保证需求以及投机盈利需求。因此，可得到度量外汇储备规模的基本模型：

$$D_R = D_1 + D_2 + D_3 + D_4 \tag{4.1}$$

4.3.2 外汇储备的替代效应及动态演进

根据马斯洛需求层次理论，人们的需求不仅有先后顺序，而且还分为高低两级，低层次的需求可能通过外部条件得以满足，而高层次的需求则需要通过内部因素才能满足，并且对高层次的需求是无止境的；在同一时期，一个人可能有几种需求，但每一时期总有一种需求占支配地位，并对其行为起决定性的作用，而且任何一种需求都不会因为更高层次需求的发展而消失。各层次的需求相互依赖和重叠，高层次的需求发展后，低层次的需求仍然存在，只是对行为影响的程度大大降低。事实上，一国对外汇储备的需求也是如此，不仅有需求的先后顺序，而且也将其从低到高依次划分为不同的需求层次，并且各种层次的外汇储备需求可通过不同的方式得以满足。同样，随着外汇储备功能的演变，以及一国在不同发展阶段所面临的内外经济环境的差异，外汇储备发挥的作用也是有差别的。当一国的外汇储备能满足高层次的外汇储备需求时，由于在低层次需求中有的需求是"刚性"需求，这种需求并不会由于高层次的需求得到满足而

第4章 外汇储备的多层次需求与最优规模

消失,而且各层次外汇储备需求之间必然会存在相互替代和重叠。比如,在没有外来金融危机冲击的情况下,一国对外汇储备的需求主要用于满足基本交易需求,而当一国面临金融危机的冲击时,外汇储备用于满足安全稳定的需求就显得尤其重要。当外汇储备满足了高层次的需求(比如投资盈利需求)时,低层次的外汇储备需求(比如基本交易需求)仍然存在,只不过是对总规模需求的影响程度相应减少而已。因此,外汇储备各层次需求之间具有明显的替代效应。

从上述分析可知,外汇储备的理论规模是以各层次外汇储备需求相互独立、互不影响为前提的,在计算外汇储备规模时也只需将相应层次的外汇储备进行简单加总即可。虽然这种外汇储备规模的计算方法简单易行,操作性也较强,但由于没有考虑外汇储备需求层次之间的替代效应,这种进行简单加总得到的外汇储备规模必然会因重复计算而"高估"了外汇储备的真实需求规模,因此上述对外汇储备需求的假设并不完全符合实际。然而在替代效应下,如何揭示各层次外汇储备需求之间的相互关系和度量它们之间的替代程度具有较大的难度。为此,我们将外汇储备的替代效应分为以下几种情形:

1. 单向替代效应

为了便于分析及使之更符合实际,我们在理论规模假设的基础上进一步假设:

(1)外汇储备各需求层次之间并非是相互独立的,即它们之间会因其他层次外汇储备规模的变化而变化,也就是说,各层次外汇储备规模之间是相互影响的。

(2)一国的外汇储备至少能够满足两个以上外汇储备的需求层次,因为至少要有两个层次才有层次间相互替代的可能,并且这也是一国外汇储备的常态。

（3）各层次外汇储备需求之间的替代是单向的，即存在两个相连层次中上一层次对下一层次替代的情况，而不能是下一层次替代上一层次，也就是说这种替代是单向的、不可逆的。

基于上述假设，本书所谓的单向替代是指当一国的外汇储备能同时满足两个或两个以上层次的需求时，相连两个层次的外汇储备需求之间存在着上一层次对下一层次的替代效应。由于一国对外汇储备的需求有先后顺序，并从低级的需求向高级的需求依次得到满足，因此，相连两个层次的外汇储备需求之间具有"过渡性"。这种"过渡性"的存在意味着相连外汇储备需求层次之间必然具有某些"共性"，而具有"共性"部分的外汇储备需求只需用原来没有考虑"共性"时的一部分外汇储备需求就可以得到满足。为了更直观地分析外汇储备的单向替代效应，我们将图4.2变形为图4.3：

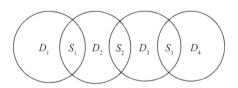

图4.3 单向替代规模

在图4.3中，D_1、D_2、D_3和D_4的含义同上文，由于外汇储备各层次需求之间存在替代效应，即如果同样用圆的面积来表示各层次的外汇储备需求，则各层次之间的替代效应在图中可表示为各层次之间的交集，即图中的S_1、S_2和S_3，它们分别表示D_2替代D_1的规模、D_3替代D_2的规模以及D_4替代D_3的规模。D_1、D_2、D_3和D_4按

第 4 章 外汇储备的多层次需求与最优规模

外汇储备需求的程度从低层次向高层次从左到右并列排列,说明各层次外汇储备需求是有先后顺序的,并且当外汇储备能够满足两个或两个以上外汇储备需求层次时,由于上一层次的需求可作为下一层次需求的"保证"而形成对下一层次需求的替代。因此,在计算外汇储备规模时为了避免重复计算,就要扣除交集部分,即 S_1、S_2 和 S_3 的面积,为此可得到单向替代效应下的外汇储备需求模型:

$$D_U = D_R - (S_1 + S_2 + S_3)$$
$$= (D_1 + D_2 + D_3 + D_4) - (S_1 + S_2 + S_3) \quad (4.2)$$

其中,D_U 表示外汇储备的单向替代规模。

2. 多向替代效应

上述单项替代效应是以各层次的外汇储备需求具有先后顺序以及它们之间替代的单向性为前提的。但进一步分析发现,在单向替代效应下,由于各层次外汇储备需求之间从低一层次向高一层次的"过渡性"而存在的相连层次外汇储备需求之间的"共性"也意味着相连层次之间的外汇储备需求是可以相互替代的、可逆的,因此将这种替代效应称为多向替代效应。而这种多向替代又可分为两种情况:一是当一国的外汇储备能满足各层次的需求时,可以是较高层次的外汇储备规模替代较低层次的规模,也可以是较低层次的外汇储备规模替代较高层次的规模。比如,当一国外汇储备充足时,较低层次的外汇储备需求由于有较高层次的外汇储备需求规模作为"保证",一旦低层次的外汇储备需求不足,就会有上一层次的外汇储备来补充,从而使处于较低层次的外汇储备需求相应地减少。二是当一国外汇储备不能满足各层次的需求时,虽然存在需求的先后顺序,但该国往往不会将所有的外汇储备都用于"充分"满足低层次的需求。由于各层次需求之间存在"共性",低层次的外汇储备需求将会有一部分用于满足上一层次外汇储备需求中的"共性"部分,而且这种各层次外汇储备需求的"共性"之间又会有新的"共性",进而这种"共性"就被扩展为多层次外汇储备需求之间的"共性"。因此,当外汇储备需求不足时,往往会通过各种方式减少较低层次外汇储备的需求而部分地满足较高层次的外汇储备需求。比如,当一国的外汇储备只能满足基本交易需求时,由于预防外来冲击和防止外汇市场波动的需要,外汇管理当局往往会通过减少基本交易的需求(如减少进口需求)方式将"节约"出来的外汇储备用于满足更高层次的需求。同样,我们也可将外汇储备的多向替代效应用图4.4加以说明。

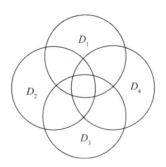

图 4.4 多向替代效应

在图 4.4 中,D_1、D_2、D_3 和 D_4 分别表示基本交易需求、安全稳定需求、信用保证需求以及投机盈利需求。同样,如果用交集表示各层次外汇储备之间的替代规模,则可用 S_1、S_2、S_3、S_4、S_5 和 S_6 分别表示 D_1 与 D_2、D_2 与 D_3、D_3 与 D_4、D_1 与 D_3、D_1 与 D_4、D_2 与 D_4 之间

第4章 外汇储备的多层次需求与最优规模

的替代规模,即它们之间的交集。① 因此,在存在多向替代的情况下,外汇储备各层次需求之间都有共同的部分(交集),即任何两个外汇储备需求层次之间都存在一定程度的替代效应,这是它与单项替代的最大区别。② 可见,外汇储备各需求层次之间的相互替代与单向替代相比替代的程度进一步加强,这主要表现在跨层次的替代效应上,说明跨层次的替代效应的存在使一国对外汇储备的需求规模比只存在单向替代效应时小。因此,我们在计算外汇储备的多向替代规模时只需在单向替代规模的基础上减去跨层次替代的规模即可,由此,我们可以得到基于多向替代的外汇储备规模测度模型,用公式表示如下:

$$\begin{aligned} D_M &= D_U - (S_4 + S_5 + S_6) \\ &= D_R - (S_1 + S_2 + S_3) - (S_4 + S_5 + S_6) \\ &= (D_1 + D_2 + D_3 + D_4) \\ &\quad - (S_1 + S_2 + S_3 + S_4 + S_5 + S_6) \end{aligned} \quad (4.3)$$

其中,D_M 表示外汇储备的多向替代规模。

3. 动态替代规模

这是一种特殊的情形。由于多向替代效应是外汇储备各需求层次之间相互并跨层次替代的结果,隐含了各层次外汇储备之间只能部分替代而不能完全替代的假设前提。但事实上,随着金融市场的

---

① 由于多项替代效应较为复杂,为了避免混乱,我们没有将各层次之间的替代规模用相应的符号表示在图中。
② 外汇储备需求层次之间的多项替代效应是一种跨层次的替代效应,因此各层次之间的替代效应并不相同。一般来说,由于相连层次之间的替代效应与不相连层次之间的替代效应相比有更多的"共性",因此,相连层次之间的替代效应要强于不相连层次之间的替代效应。为了便于分析,在图中并没有对替代程度加以区分。

不断完善、电子交易的发展、交易工具的多样化以及交易效率的提高,外汇储备各需求层次之间的相互转化和替代也变得轻而易举,因此,外汇储备各层次之间的替代效应不断加强。其结果是,导致外汇储备各需求层次之间的"共性"逐渐增加,并使各层次之间的界限不再明显,甚至最终消除。在此情况下,我们可将一国对外汇储备的需求视为对一个"整体"外汇储备的需求,而不再是各层次外汇储备需求的简单加总。但需要说明的是,外汇储备需求层次之间界限的最终消除并不意味着对外汇储备需求层次的划分没有意义。恰恰相反,得出外汇储备"整体"需求的结论正是以外汇储备需求层次的划分为前提,并以各层次外汇储备需求之间的替代效应的深入分析为基础进行理论推导的结果,可将此过程视为一个从基于外汇储备层次划分的简单外汇储备规模到较为复杂的单向替代效应规模,再到更为复杂的多项替代规模,最后得出表面上简单但包含的替代关系极为复杂的动态替代规模的过程。因此,本书所指的动态替代规模是以假设各层次外汇储备之间相互影响、它们之间的替代可以是多向替代(可以不按需求的先后顺序)为前提的外汇储备各层次之间的替代规模。

基于上述分析,我们可将外汇储备的动态替代规模描述为,随着外汇储备功能的演变及不同时期外汇储备发挥的作用不同,外汇储备的最优规模就近似于当期外汇储备各层次需求中需求量最大层次的规模。因为只有当满足了需求量最大层次的外汇储备需求时,才能通过这一层次的外汇储备规模替代和满足需求量相对较小的外汇储备需求层次,从而实现动态的替代。相反,如果外汇储备只能满足当期需求量相对较小层次的外汇储备需求,这时即使将该层次所有

第 4 章 外汇储备的多层次需求与最优规模

的外汇储备需求都用于满足其他层次的需求,也不能满足比它自身需求量更大的外汇储备需求层次,其结果必然表现为一国外汇储备需求的不足,因此,在这种情况下外汇储备规模并不是最优的。因此,外汇储备的最优规模随着各需求层次外汇储备规模的变化而变化,其最优规模也由当期需求量最大的外汇储备需求层次的规模动态决定。

更进一步,我们可将基于外汇储备动态替代效应的外汇储备规模的"整体"需求视为外汇储备的"准备金",因为外汇储备可视为一国对外汇储备需求的"保证",而外汇储备正是用于满足各层次的外汇储备需求。因此,当各外汇储备需求层次产生需求时,可由外汇储备准备金动态地得到满足。为了说明外汇储备的动态规模效应,我们用图 4.5 加以说明。

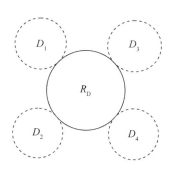

图 4.5　动态替代效应

在图 4.5 中,R_D 表示外汇储备的动态替代规模,D_1、D_2、D_3 和 D_4 的含义同上文。由于各层次外汇储备需求之间的界限不再明显,因此在图中用虚线表示,并可将 R_D 视为各层次外汇储备需求的准备金,即当存在某一层次或几个层次的外汇储备需求时就可用部分或全部外汇储备准备金 R_D 满足它们。同时,由于动态替代效应的存在,外汇储备准备金的规模就是各层次中对外汇储备需求最大的那一个层次的规模,而这个层次的需求规模由于可动态地满足其他层次的外汇储备需求,因此,该层次的外汇储备规模就可视为全部外汇储备的准备金。这不仅说明外汇储备的准备金规模随着外汇储备需求层次的变化而变化,即当一国所面临的经济环境发生变化时,外汇储备的各层次需求规模也会发生变化,从而使外汇储备的准备金发生相应的变化。同时,外汇储备的准备金规模并不固定在某个层次的外汇储备规模上,而是随着各层次外汇储备规模的变化而变化。因此,在动态替代效应下,外汇储备的规模由各层次外汇储备规模中对外汇储备需求最大的层次决定。基于上述分析,我们可得到外汇储备动态替代效应下的外汇储备测度模型:

$$R_D = D_1 \text{ or } D_2 \text{ or } D_3 \text{ or } D_4 \tag{4.4}$$

在式(4.4)中,or 表示各外汇储备需求层次之间的一种或者关系,即在动态替代效应下,一国外汇储备的需求可由各需求层次中任意一个需求规模最大的层次动态决定。可见,运用准备金分析法是由于准备金是各外汇储备需求层次存在"共性"前提下动态替代效应的结果,并可将准备金用于满足各层次的外汇储备需求,因此,基于准备金思想的外汇储备管理不仅可以"节约"外汇储备,而且有助于提高外汇储备的使用效率,并可为一国外汇储备的管理提供一种新的思路。

4.3.3 外汇储备最优规模与适度空间的界定

针对目前理论界将最优规模与适度规模混用的情况,本书有必

第4章 外汇储备的多层次需求与最优规模

要对两个概念进行界定。我们认为,外汇储备的最优规模应该是指一国的外汇储备处于一个既能满足各种需求又能减少持有成本和降低风险状态时的规模,因此它是一个具体的数值。而外汇储备的适度区间是指一国外汇储备规模处于一个相对合理的范围内,因而它是一个范围的概念。可见,二者是有明显区别的。

从上文得出的几种外汇储备测度模型可知,如果分别计算它们的外汇储备规模,其规模可从大到小依次为理论规模、单向替代规模、多向替代规模以及动态替代规模。其中,由于理论规模是将各层次外汇储备需求直接加总,没有替代效应,而且它对外汇储备的需求规模是最大的,因此是一国外汇储备的最大规模。而外汇储备的单向替代规模和多向替代规模是外汇储备需求规模在替代效应下由理论规模"过渡"到动态规模的两种情形,只不过多向替代规模的替代效应大于单向替代规模,从而多向替代规模小于单向替代规模,并且它们都大于动态规模、小于理论规模,因此,我们将这两种替代规模视为过渡规模。而我们最关心的应是外汇储备的动态替代规模,由于它是上述四种外汇储备规模中对外汇储备需求最小的规模,也就是说,它可以用最小的外汇储备规模来满足各种外汇储备的需求,是最"节约"和最"经济"的外汇储备规模,因此它是最优的外汇储备规模。

更进一步,我们可将外汇储备的最大规模(理论规模)和最小规模(动态规模)分别作为一国外汇储备的适度区间的上限和下限,从而确定外汇储备的适度区间。因此,当外汇储备小于最大规模而大于最优规模时,一国的外汇储备规模就是适度的。而当外汇储备大于理论规模时,一国就存在超额外汇储备规模。虽然外汇储备管理的目标应是追求最优规模,但事实上一国外汇储备规模经常处于非最优状态,而处于最优规模的状态是偶然的。因此,只要一国的外汇储备规模处于适度区间内,就应认为是合理的。

4.4 实证检验

通过对影响外汇储备最优规模的因素进行分析表明,外汇储备规模是由各层次的外汇储备需求决定的,而影响外汇储备需求的因素也就必然成为影响外汇储备规模的因素。采用定性分析方法虽然可以初步判断外汇储备最优规模及其影响因素之间的关系,但不能准确刻画它们之间的相关性。为了进一步揭示这些因素与外汇储备最优规模之间的相互关系,我们有必要对其进行计量检验。

4.4.1 数据与变量

考虑到研究对象的特点、数据的可得性、外汇政策以及用不同频度数据研究外汇储备的优缺点,本书的样本数据选择年度数据。其原因在于:一是由于外汇储备在短期内波动的幅度不大,并且一国一旦形成增长和下降的趋势将会持续一段时间;二是外汇储备相关的季度和月度指标存在季节性波动,并且有的季度和月度数据难以获得;三是结合金砖国家的实际,在样本区间的选择上,我们认为样本区间不宜过长,因为过长的样本区间可能受到不同因素的影响而缺乏可比性,同时要考虑影响外汇储备的制度性因素。由于我国从

第4章 外汇储备的多层次需求与最优规模

1994年开始实行外汇体制改革,对我国外汇储备产生了重要的影响,因此我们选择的样本区间是1994年至2017年。除有特别说明外,本书的数据均来源于各年度《中国统计年鉴》《中国金融年鉴》,以及中国人民银行网站、国家外汇管理局网站、世界银行网站及其Wind数据库。根据式(4.1),由于 $D_R = D_1 + D_2 + D_3 + D_4$,即外汇储备的理论规模 D_R 由基本交易需求 D_1、安全稳定需求 D_2、信用保证需求 D_3 以及投机盈利需求 D_4 共同决定,而各层次外汇储备需求又由不同的因素决定,因此,我们在进行实证检验和测度最优外汇储备和适度区间之前,必须先定义影响外汇储备需求的各项指标。

1. 基本交易需求 D_1

上文已提到,基本交易需求是满足日常经济交往的"生存性"需求,因此主要包括一国一定时期内进口商品和服务所需的外汇储备需求和外商直接投资的利润回流需求两部分,公式表示如下:

$$D_1 = \alpha_1 \text{IMP} + \alpha_2 \text{FDI} \quad (4.5)$$

其中,IMP表示一国在一定时期内(通常为一年)从国外进口的商品和服务的总额。FDI表示外商在一国直接投资的累计余额。α_1 表示一国为了维持正常进口所需的外汇储备支付需求占该国进口商品和服务总额的比率(进口支付周转率)。根据国际经验,如果一国的外汇储备需求能满足该国三个月的进口需求,则可满足该国全年进口的外汇储备需求。按此标准,我国进口的外汇储备需求应为全年进口总额的25%,考虑到样本区内我国多数年份有超额外汇储备,加之替代效应的存在,我们将该比率定为20%。α_2 表示外商直接投资企业的利润汇出率(称为FDI利润汇出率),即外资企业在一定时期内(通常为一年)汇往国外的利润占该国外商直接投资总额的比率。

根据世界银行的测算,20世纪90年代,发展中国家FDI投资的平均收益率为16%—18%,国际货币基金组织(IMF)测算的跨国公司在中国的投资收益率为13%—14%,考虑到中国经济高速增长的实际,我们认为中国的FDI利润汇出率为14%较为合理。

2. 金融稳定需求 D_2

一般来说,影响金融安全的因素主要有:汇率水平、金融制度、外汇市场波动状况、国际资本流动规模、本币国际化程度、利率水平、外债负担、通货膨胀水平以及政治因素等。我们在选择影响金融安全稳定需求的指标时主要基于以下几个标准:一是影响外汇储备程度的大小,优先考虑影响大的因素;二是优先考虑影响外汇储备的经常性因素;三是考虑数据的可得性,能进行定量分析的因素优先考虑;四是尽量避免被选择要素之间相关性较强而导致对外汇储备需求的重复计算。基于上述标准,我们选择外债负担(DEB)、跨境资本流动(ICP)以及外汇市场交易量(FET)等几个指标。其中,DEB指的是广义政府外债,ICP指国家收支平衡表中的金融和资本项目资本内流和外流之和,由此可得到:

$$D_2 = \alpha_3 \text{DEB} + \alpha_4 \text{ICP} + \alpha_5 \text{FET} \qquad (4.6)$$

式(4.6)中,α_3表示外债偿付率,即一国在一定时期内需偿付的外债占该国全部外债总额的比率。根据我国多年的实践经验及相关测算,我国的外债偿付率一般在9%—15%,虽然我国外债规模大多数年份都处于安全范围之内,特别是近年来拥有大量的外汇储备支持,但从世界范围来看,债务危机发生的频率越来越高,传染性也越来越强,因此外债偿付率应有所提高,我们将其确定为20%。α_4表示跨境资本流动率,即在国际收支平衡表中金融与资本账户中的不

第4章 外汇储备的多层次需求与最优规模

同类型资本内流与外流总量之和与 GDP 的比率。该比率是用以衡量一国金融安全的重要指标,它的高低与外汇储备的需求成正比,即跨境资本流动的规模越大,对一国金融安全的冲击也就越大,用于预防由此造成的金融风险的外汇储备也就越多,相反则越少。α_5 表示外汇市场波动程度,即当一国外汇市场激烈波动时用以干预外汇市场波动所需的外汇储备与外汇市场交易量的比率。为了应对外汇市场的激烈波动,中央银行往往会通过公开市场操作来干预外汇市场,但这同时会以人民币外汇占款的形式增加基础货币的投放量,从而使作为基础货币的支持资产成为对外汇储备需求最大的影响因素。因此,本书用外汇市场交易量与 M_2 的比率来衡量外汇市场波动程度。

3. 信用保证需求 D_3

影响公众信心的因素也很多,并且很难用定量的方法进行度量,目前理论界一般通过定性的方法进行估计。但由于定性方法主观性强而准确性不高,因此有明显的缺陷。事实上,一国外汇储备的信用保证需求可通过对一国经常项目和资本项目两大账户的结构及变化趋势的分析来确定,并且由于一国外汇储备的基本交易需求主要反映在经常项目的变动上,而外汇储备的安全稳定需求主要反映在资本和金融项目的变化上。因此,一国外汇储备的信用保证需求可由基本交易需求 D_1 和安全稳定需求 D_2 共同决定。在此,我们可得到:

$$D_3 = \alpha_6(D_1 + D_2) \tag{4.7}$$

如果用 R_R 表示实际外汇储备规模,则 α_6 表示实际外汇储备规模 R_R 与广义货币供应量 M_2 的比率(即 R_R/M_2)。已有研究表明,该指标可用于预测一国金融危机发生的可能性,并认为 R_R/M_2 较高时可增强公众对本国货币的信心。Calvo(1996)也认为,由于该比率可用以度量一国居民对外国资产的潜在需求,因此它也是检测实行钉住汇率制国家是否持有充分外汇储备的适当指标。

4. 投资盈利需求 D_4

投机盈利需求是各外汇储备需求层次中最高层次的需求,因此一国外汇储备要满足投机盈利需求需满足两个条件:一是一国持有充足的外汇储备,即满足其他层次的外汇储备需求后还有剩余,这样才能将剩余的外汇储备用于满足投机盈利需求。二是要考虑外汇储备的机会成本与投机收益,如果持有超额外汇储备的机会成本大于投机收益,则一国就会减少对外汇储备的投机需求;相反,如果机会成本小于投机收益,则会增加一国对外汇储备的需求。因此,外汇储备的投机盈利需求 D_4 可表示为:

$$D_4 = -\alpha_7(R_R - D_1 - D_2 - D_3) \tag{4.8}$$

其中,R_R 为外汇储备实际规模,α_7 表示持有外汇储备的机会成本,即投资收益率 I_r 与储备收益率 R_r 之差。根据世界银行和IMF的估计,20世纪90年代以来,绝大多数发展中国家的资本边际收益率通常在10%—20%,而我国这一比率则高达20%。由于考虑到安全的因素,我国当前的外汇储备主要以外国国债的形式持有,但收益率只有2%—3%。与此同时,由于外国货币(特别是美元)不断贬值,我国持有外币资产的风险不断加大,从而使我国外汇储备面临"双缩水"的风险。因此,扣除当前外汇储备的外国国债投资收益和其他投资收益,即使是保守的估计,我国外汇储备的机会成本也为7%左右。如果一国持有超额外汇储备的机会成本大于0,即当 D_4 小于0时,该国就不会形成对超额外汇储备的需求。因此,在式(4.8)中,$-\alpha_7$ 表

第4章 外汇储备的多层次需求与最优规模

示机会成本大于 0 时一国对外汇储备的负需求。

综上所述,我们可得到外汇储备的理论规模 D_R 的计算公式:

$$\begin{aligned} D_R &= D_1 + D_2 + D_3 + D_4 \\ &= \alpha_1 \text{IMP} + \alpha_2 \text{FDI} + \alpha_3 \text{DEB} + \alpha_4 \text{ICP} + \alpha_5 \text{FET} \\ &\quad + \alpha_6(D_1 + D_2) - \alpha_7(R_R - D_1 - D_2 - D_3) \end{aligned} \quad (4.9)$$

4.4.2 检验过程

1. 描述性统计

本书首先对各变量进行描述性统计,如表 4.1 所示:

表 4.1 变量描述性统计

变量	均值	标准差	最小值	最大值	样本数
LNR_R	6.935771	1.717859	3.153163	10.5566	115
LNIMP	7.201669	1.120904	5.453739	9.882894	115
LNFDI	4.994073	1.653248	1.320182	7.975662	115
LNDEB	7.544850	0.945588	5.37856	9.781627	115
LNICP	7.285605	1.508663	4.03856	10.84109	113
LNFET	9.036306	1.542407	3.700314	11.19592	115
LN_i	1.985768	0.6011126	1.011601	4.430817	110
LNFX	2.333771	1.189671	−0.174353	4.207822	110

2. LLC 单位根检验

对于长面板数据,一般采用 Levin、Lin 和 Chu(2002)提出的 LLC 检验方法,但 LLC 检验针对平衡面板数据。对于非平衡面板数据,可以使用 IPS 检验。检验结果表明,外汇储备 LNR_R、进口额 LNIMP

和外商直接投资 LNFDI 均平稳,而外债余额 LNDEB、跨境资本流动 LNICP、外汇市场交易量 LNFET 和汇率 LNFX 均不平稳,对其取一阶差分后均平稳。

表 4.2　变量单位根检验结果

变量	检验形式	检验值	p-value	结论
LNR_R	LLC,1	−1.8520	0.0320	平稳*
LNIMP	LLC,0	−1.7025	0.0443	平稳*
LNFDI	LLC,0	−2.5739	0.0050	平稳
LNDEB	LLC,0.8	−0.2841	0.3882	不平稳
ΔLNDEB	LLC,0	−5.0939	0.0000	平稳
LNICP	IPS,0.6	−0.7423	0.7711	不平稳
ΔLNICP	IPS,1.2	−6.0867	0.0000	平稳
LNFET	LLC,1.2	−1.5520	0.0603	不平稳
ΔLNFET	LLC,0.6	−3.5900	0.0002	平稳
LN_i	IPS,0.6	−3.6293	0.0001	平稳
LNFX	IPS,1	0.9857	0.8378	不平稳
ΔLNFX	IPS,0	−3.3450	0.0004	平稳

注:(1)检验形式中,数字表示根据 AIC 原则确定的滞后阶数,对于平衡面板数据,采用 LLC 检验,对于非平衡面板数据采用 IPS 检验。(2)* 表示在 5% 显著性水平下平稳,无标记说明在 1% 显著性水平下平稳。(3)Δ 表示对变量进行一阶差分。

3. 面板回归结果

由于本书的数据是长面板数据,对于可能存在的固定效应,只要加入个体虚拟变量即可。而对于扰动项 $\{\varepsilon_{it}\}$ 可能存在的组间异方差或组内自相关的情况,主要有两种处理方法:一是使用最小二乘虚拟变量模型(LSDV)来估计系数,只对标准误差进行校正;二是对异方差或自相关的具体形式进行假设,然后使用可行广义最小二乘法(FGLS)来进行估计。作为对比,本书先不考虑组间异方差或同期相关性,而是采用 LSDV 法来估计双向固定效应模型,估计结果显示,时间效应较为显著,p 值为 0.06,结果报告为表 4.3 的(1)列。随后利用 Greene(2000)提出的 Wald 检验方法检验组间异方差性,结果显示,p 值为 0.00,拒绝原假设,认为存在组间异方差。利用 Wooldrige(2002)提出的组内自相关检验方法,检验显示,p 值为 0.01,认为存在组内自相关。为此,使用面板校正标准误进行估计,结果报告为(2)列。本书同时采用 FGLS 估计来进行回归,假定扰动项服从 AR(1)过程,根据是否允许各组自回归系数相同分别报告,显示在(3)(4)列。更为全面的 FGLS 估计同时考虑组内自相关、组间异方差和同期相关性,报告为(5)(6)列。

从结果上看,国家效应和时间效应均较为显著,说明不同国家拥有其自身的特异性,并且外汇储备余额具有明显的时间趋势。全年进口额、外商直接投资额、外债余额增量的系数均为正,且较为显著,表明基本交易需求和安全稳定需求对外汇储备的影响相对更强,其中全年进口额和外债余额增加量对外汇储备的影响最为明显,而中央银行在金融市场波动时用于稳定金融市场的外汇储备需求对外汇储备的影响并不明显。

4. 稳定性检验

金融市场的开放度不高,资本项目也尚未完全开放,所以金融市场受到的外来冲击有限,因此,中央银行用于干预外汇市场所需的外汇储备相对较少,但随着金砖国家金融市场的逐步完善以及对外开放的进一步深入,用于稳定外汇市场所需的外汇储备将会随之增加。这里将进行稳健性检验,以进一步验证上述结论。

表 4.3 面板回归结果

检验变量	(1)	(2)	(3)	(4)	(5)	(6)
LNIMP	0.6421*	0.6421***	0.6726***	0.7483***	0.6219***	0.6608***
	(2.28)	(5.20)	(5.27)	(6.21)	(8.00)	(8.23)
LNFDI	0.0511**	0.1452***	0.0751***	0.0722**	0.0734***	0.0852***
	(2.84)	(3.64)	(2.69)	(2.50)	(4.20)	(4.45)
DLNDEB	0.6729***	0.6729***	0.5034***	0.4691***	0.4042***	0.4357***
	(2.92)	(2.97)	(3.09)	(3.22)	(5.33)	(5.75)
DLNICP	0.0517	−0.0660	−0.0482	−0.0528	−0.0565***	−0.0647***
	(−1.28)	(−1.14)	(−1.36)	(−1.51)	(−2.95)	(−3.14)
DLNFET	0.1415	0.1415	0.0233	−0.0023	−0.0286	−0.0360
	(1.21)	(1.35)	(0.26)	(−0.03)	(−0.81)	(−1.05)
LN_i	−0.1782	−0.1782	−0.1907**	−0.2032**	−0.1963***	−0.2003***
	(−1.74)	(−1.61)	(−2.00)	(−2.58)	(−3.72)	(−4.02)
DLNFX	−0.1436	−0.1436	0.1739	0.1289	0.1488	0.0546
	(−0.67)	(−0.62)	(0.90)	(0.71)	(1.31)	(0.46)
R^2	0.9763	0.9763	0.9541	0.9925		
国家效应	yes	yes	yes	yes	yes	yes
时间效应	yes	yes	yes	yes	yes	yes

注：括号中的数值代表统计量 t 值，***、**和*分别表示 1%、5% 和 10% 的显著性水平。

（1）内生性问题

本书尝试使用 IV 工具变量缓解模型的内生性问题，查看结论是否稳健。在使用 IV 工具变量进行估计时，设定 FDI、累计外债、利率为内生变量，回归方程设定如下：

$$LNR_R = C + \beta_1 L.LNR_R + \beta_2 LNIMP_{it} + \beta_3 LNFDI_{it}$$
$$+ \beta_4 LNDEB_{it} + \beta_5 LNICP_{it} + \beta_6 LNFET_{it}$$
$$+ \beta_7 LNi_{it} + \beta_8 LNFX_{it} + \varepsilon_{it} \quad (4.10)$$

其中，L.lnR 代表滞后一期的被解释变量，其余变量的设定与之前一致。C 为常数项，R_R 为外汇储备，IMP 为全年进口额，FDI 为外商投资累计余额，DEB 为累计外债余额，ICP 为跨国资本流动，FET 为外汇市场交易量，i 为利率，FX 为对美元的名义汇率（直接标价法），ε 为随机变量。继续沿用上一节的方法，使用最小二乘虚拟变量模型（LSDV）和 FGLS 估计来进行回归系数分析。检验结果如表 4.4 所示。检验结果表明，(1)(2) 是在检验变量中加入滞后 1 期的外汇储备，即当期外汇储备可能受到前一期外汇储备的影响分别采用 LSDV 方法(1)和 FGLS 方法(2)进行检验。(3)(4) 是将被检验变量进行滞后三期处理，用来解决内生性问题，即认为当期的检验变量不可能影响三年前的外汇储备，以此缓解内生性问题。

表 4.4 稳健性检验结果

检验变量	加入滞后一期被检验变量		被检验变量滞后三期	
	(1)	(2)	(3)	(4)
	LSDV	FGLS	LSDV	FGLS
L.lnR	0.752**	0.704***		
	(8.10)	(12.31)		

(续表)

检验变量	加入滞后一期被检验变量		被检验变量滞后三期	
	(1)	(2)	(3)	(4)
	LSDV	FGLS	LSDV	FGLS
lnIMP	0.0836	0.101	0.933**	0.763***
	(0.53)	(1.16)	(5.90)	(6.33)
lnFDI	0.0378	0.0447	0.136	0.0229
	(0.91)	(1.58)	(1.71)	(0.54)
lnDEB	0.0401	0.0740	0.602**	0.562***
	(0.66)	(1.13)	(4.88)	(3.43)
lnICP	0.0875	0.105	−0.210	−0.159*
	(0.99)	(1.86)	(−1.63)	(−1.98)
lnFET	0.0104	0.00189	−0.0329	0.0342
	(0.52)	(0.07)	(−0.39)	(0.60)
ln$i$	−0.294	−0.290***	0.233	−0.0414
	(−2.41)	(−5.41)	(0.67)	(−0.41)
lnFX	0.0424	0.0415	0.146*	0.186**
	(1.32)	(1.62)	(3.01)	(3.24)
R^2	0.987	0.981	0.956	0.878
国家效应	yes	yes	yes	yes
时间效应	yes	yes	yes	yes

注：括号中的数值代表统计量 t 值，***、**和*分别表示1%、5%和10%的显著性水平。

从结果上看,回归结果均与前文基本保持一致。此外,滞后一期的被解释变量显著为正,说明一国外汇储备的持有现象具有强烈的惯性。上述回归结果说明,在控制了潜在的内生性的情况下,基本交易需求和安全稳定需求对外汇储备影响显著,同时,国家异质性是影响外汇储备需求的重要因素。

第 4 章 外汇储备的多层次需求与最优规模

(2) 环境因素

1998年,亚洲金融危机和2008年全球金融危机之后,各国为应对国际资本流动的冲击而大量累积储备,因此本书以金融危机为时间节点将样本重新划分,如表4.5所示。从三个样本阶段来看,不同国家的外汇储备均值都存在较大差异。

表 4.5 不同国家外汇指标均值

国家	mean(IRC) 全样本	mean(IRC) 亚太危机 (1998—2016)	mean(IRC) 全球危机 (2008—2016)
Brazil	1 610	1 842	3 211
China	14 544	17 411	30 767
India	1 711	2 018	3 088
Russia	2 152	2 583	4 065
South Africa	244.9	288.0	454.3

表4.5直观显示了各个国家在不同时间范围内外汇储备水平之间的差异,我国外汇储备水平显著高于其他国家。

为进一步考察金融危机对国家外汇储备的影响,可使用LSDV和FGLS回归方法进行估计。回归结果如表4.6所示,其中列(1)—(3)为混合LSDV回归结果,列(4)—(7)为FGLS回归结果,从结果看,回归结果与前文基本保持一致,两次金融危机对外汇储备都有显著冲击。

表 4.6 外部环境影响

检验变量	LSDV			FGLS		
	全样本(1)	亚太危机(2)	全球危机(3)	全样本(4)	亚太危机(5)	全球危机(7)
L.lnR	0.752**	0.800***	0.927***	0.704***	0.783***	0.929***
	(8.10)	(19.59)	(23.98)	(12.31)	(12.58)	(18.90)
lnIMP	0.0836	0.0739	0.0505	0.101	0.0688	0.0494
	(0.53)	(0.49)	(1.01)	(1.16)	(0.77)	(0.78)
lnFDI	0.0378	0.00768	0.0260	0.0447	0.00476	0.0246
	(0.91)	(0.30)	(1.63)	(1.58)	(0.16)	(1.05)
lnDEB	0.0401	−0.0287	0.147	0.0740	−0.00103	0.146*
	(0.66)	(−0.46)	(1.92)	(1.13)	(−0.02)	(2.36)
lnICP	0.0875	0.0629	−0.0431	0.105	0.0810	−0.0435
	(0.99)	(0.68)	(−1.24)	(1.86)	(1.41)	(−1.02)
lnFET	0.0104	0.0591	−0.221*	0.00189	0.0443	−0.220***
	(0.52)	(2.45)	(−2.91)	(0.07)	(1.34)	(−3.35)
ln$i$	−0.294	−0.373*	−0.143	−0.290***	−0.358***	−0.144***
	(−2.41)	(−3.79)	(−1.76)	(−5.41)	(−6.39)	(−3.30)
lnFX	0.0424	0.0462	0.0621*	0.0415	0.0432	0.0622***
	(1.32)	(1.58)	(3.01)	(1.62)	(1.65)	(3.90)
国家效应	yes	yes	yes	yes	yes	yes
时间效应	yes	yes	yes	yes	yes	yes
_cons	17.83	17.26	27.37*	15.47	14.29	27.15
	(1.65)	(1.23)	(3.30)	(1.34)	(1.07)	(1.77)
N	102	93	45	102	93	45
R^2	0.987	0.991	0.998	0.981	0.986	0.998

注：括号中的数值代表统计量 t 值，***、** 和 * 分别表示 1%、5% 和 10% 的显著性水平。

根据上述分析可知,以上检验结果完全符合理论模型的假定,说明选择的影响外汇储备规模的指标能较好地解释外汇储备规模的变化,因此,外汇储备规模的理论模型是可靠的,并可将其用于测度我国外汇储备最优规模。

4.5 外汇储备规模的测度及动态模拟

由于外汇储备的理论规模和动态替代规模分别代表外汇储备的最大规模和最小规模,而单向替代规模和多向替代规模是理论规模向动态规模演化过程中的过渡规模,并且单向替代规模大于多向替代规模,但都小于理论规模而大于动态规模,因而它们的规模处于以理论规模和动态替代规模分别为上下限的适度区间内。因此,在测度外汇储备的最优规模和适度区间时也就没有必要再去测度单向替代规模和多向替代规模,而只需测度理论规模和动态替代规模就可得出。为此,我们可先计算出 D_1、D_2、D_3 和 D_4 各层次的外汇储备规模,并在此基础上进一步测算出外汇储备的理论规模 D_R、最优规模 D_O 和超额规模 D_A。计算结果如表 4.7 所示:

表 4.7　外汇储备规模的测度结果

(单位:亿美元)

年度	基本交易需求 D_1	安全稳定需求 D_2	信用保证需求 D_3	投机盈利需求 D_4	最优规模 D_O	理论规模 D_R	实际外汇储备 R_R	超额规模 D_A
1994	278.49	291.85	382.11	30.54	382.11	952.45	516.20	−436.25
1995	316.69	379.87	498.92	32.17	498.92	1195.47	735.97	−459.50
1996	336.08	392.65	585.60	18.48	585.60	1314.33	1050.29	−264.04
1997	348.10	519.56	774.83	17.05	774.83	1642.49	1398.90	−243.59
1998	344.13	540.01	710.83	10.18	710.83	1594.96	1449.59	−145.37
1999	387.85	537.34	691.69	4.91	691.69	1616.88	1546.75	−70.13
2000	507.18	519.10	731.61	7.15	731.61	1757.89	1655.74	−102.15
2001	552.73	638.31	924.92	−0.40	924.92	2115.96	2121.65	5.69
2002	664.18	737.56	1257.22	−14.36	1257.22	2658.96	2864.07	205.11
2003	900.43	830.02	1827.57	−33.21	1827.57	3558.02	4032.51	474.49
2004	1207.34	1099.86	3208.53	−40.85	3208.53	5515.73	6099.32	583.59
2005	1404.36	2773.64	6634.56	183.67	6634.56	10812.56	8188.72	−2623.84
2006	1671.15	7965.96	16797.63	1103.99	16797.63	26434.74	10663.44	−15771.30

第 4 章 外汇储备的多层次需求与最优规模

（续表）

年度	基本交易需求 D_1	安全稳定需求 D_2	信用保证需求 D_3	投机盈利需求 D_4	最优规模 D_O	理论规模 D_R	实际外汇储备 R_R	超额规模 D_A
2007	2 016.58	8 438.75	21 644.57	1 177.22	21 644.57	32 099.89	15 282.49	−16 817.40
2008	2 394.47	9 052.93	23 955.63	1 115.99	23 955.63	35 403.03	19 460.30	−15 942.70
2009	2 137.25	6 304.82	15 884.06	23.42	15 884.06	24 326.13	23 991.52	−334.61
2010	2 937.64	6 289.86	17 309.54	−135.54	17 309.54	26 537.04	28 473.38	1 936.35
2011	7 446.60	13 751.96	5 243.43	−375.86	13 751.96	26 441.99	31 811.48	5 369.49
2012	3 793.21	11 015.68	3 171.62	−1 059.48	11 015.68	17 980.52	33 115.89	15 135.37
2013	4 065.20	10 406.63	3 143.48	−1 441.85	10 406.63	17 615.32	38 213.15	20 597.83
2014	4 086.06	11 946.13	3 081.06	−1 352.18	11 946.13	19 113.25	38 430.18	19 316.93
2015	3 535.90	11 556.94	2 248.60	−1 117.35	11 556.94	17 341.44	33 303.62	15 962.18
2016	3 352.25	11 333.56	1 894.55	−946.74	11 333.56	16 580.36	30 105.17	13 524.81
2017	3 953.19	11 282.29	1 864.19	−1 000.99	11 282.29	17 099.67	31 399.49	14 299.82

注：（1）由于我国外汇储备的机会成本大于 0，因而对外汇储备的盈利需求为 0 或者负需求，从而在样本区内并未形成对外汇储备的真实需求。因此，外汇储备的理论规模不包含投机盈利需求，即 $D_R=D_1+D_2+D_3$；（2）由于外汇储备的超额规模的动态效应代替完全替代值，因此最优规模为各层次外汇储备需求的最大值；（3）外汇储备的超额规模 D_A 是实际规模 R_R 一理论规模 D_R。

根据表 4.7，首先，从外汇储备最优规模 D_O 的变化来看，外汇储备最优规模从 1994 年的 382.11 亿美元增加到 2017 年的 11282.29 亿美元，为原来的 29.53 倍。由于外汇储备的最优规模是存在完全替代效应时的规模，因此由各层次外汇储备规模中对外汇储备需求最大的层次决定。测度结果表明，从 1994 年至 2017 年，外汇储备的最优规模完全由安全稳定需求决定，并成为影响外汇储备需求的主要因素，从而改变了长期以来我国外汇储备需求由基本交易需求决定的局面。这种变化趋势进一步说明，随着我国外汇储备功能的演变，其需求也逐步由满足基本交易需求转向满足安全稳定需求为主。更进一步，我国外汇储备最优规模（安全稳定需求）在 2008 年达到最高的 23955.63 亿美元，这说明在 2008 年世界金融危机期间，维护金融安全的外汇储备需求是最多的，这与之前的理论分析和现实是相符的。

其次，从外汇储备的理论规模 D_R 来看，它从 1994 年的 952.45 亿美元增加到 2017 年的 17099.67 亿美元，为原来的 17.95 倍。由于理论规模由各层次外汇储备需求进行加总而得，并且在计算时没有考虑替代效应，从而存在重复计算而"高估"外汇储备规模的情况，因此它是我国外汇储备的最大规模。同样，外汇储备的理论规模在 2008 年世界金融危机期间达到最高的 35403.03 亿美元，这说明外汇储备在金融危机区间的需要是最多的。

最后，我们再来看外汇储备适度期间和超额规模。根据上文确定的外汇储备适度区间，我们将外汇储备的最优规模（下限）、理论规模（上限）和实际规模同时放在一个坐标图中，进而分析它们的变化

第4章 外汇储备的多层次需求与最优规模

趋势,如图4.6所示:

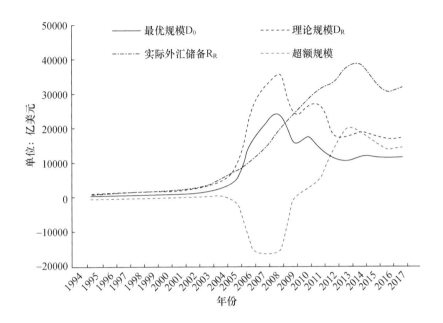

图4.6 外汇储备规模变化趋势

从图4.6可以看出,我国外汇储备最优规模在1994年至2005年这10年间与实际规模同步变化,并且二者相差不大,但从2006年开始,虽然我国外汇储备快速增长,但由于受2008年全球金融危机的影响,外汇储备最优规模在2006年至2008年间超过实际规模,并在2008年达到最高点,因此,这一期间我国外汇储备规模是不足的,这说明外汇储备在金融危机期间的需求量放大。而在2009年至2017年间,我国外汇储备最优规模逐步下降,从2008年的23955.63亿美元下降到2017年的11282.29亿美元,这说明随着金融危机的逐步消除,西方主要发达国家的经济开始复苏,我国经济也开始企稳,外部冲击对我国经济的影响进一步减弱,所需的外汇储备相应减少。

再从外汇储备超额规模看,我国在2000年以前不存在超额规模,也就是说,外汇储备规模是不足的,而从2001年到2004年间,外汇储备有了超额规模,但数量很少,根据前面的最优规模分析,这一期间的外汇储备规模是适度的。但从2005年开始,由于金融风险的不断积累,2005年至2009年期间,外汇储备超额规模出现大幅下降,并形成反向需求,从图4.6中可看出有一个坑的形状,与之相对应的是,这一区间外汇储备最优规模出现快速上升。这再次说明,金融危机期间的外汇储备需求是巨大的。而从2010年开始,我国外汇储备开始出现超额规模,并且越来越大,在2013年达到最高点的20 597.83亿美元,之后,随着我国外汇储备规模的下降,超额规模也随之减少。

4.6 本章总结

(1) 本章尝试性地将马斯洛的需求层次理论引入外汇储备需求的分析中,并相应地将外汇储备划分为基本交易需求、安全稳定需求、信用保证需求和投机盈利需求四个层次,并且一国的外汇储备需求不仅有先后顺序,而且有级别之分。因此,外汇储备的规模由各层次需求决定,外汇储备的最优规模也就是刚好能满足各层次外汇储备需求时的规模。

(2) 通过深入分析各层次外汇储备需求之间的关系发现,它们

第4章 外汇储备的多层次需求与最优规模

之间存在明显的替代效应,并根据替代程度的不同将这种替代效应分为单向替代、多向替代和动态替代三种情形,并在此基础上构建基于多层次替代效应的外汇储备分析框架。外汇储备替代效应的结果表明,已有研究将各种外汇储备需求进行简单加总就得到最优外汇储备规模的测度方法由于忽视了外汇储备需求层次之间的替代效应而"高估"了外汇储备的最优规模,并认为,在动态替代效应下,我国的外汇储备规模主要由各层次外汇储备规模中对外汇储备需求最大的层次决定。

(3)通过对我国最优外汇储备规模和适度区间的模拟结果发现,1994年以来,我国外汇储备的需求结构发生了明显变化,外汇储备需求主要由安全稳定需求和信用保证需求决定,这不仅说明在当前金融危机频发的背景下,我国外汇储备在应对金融危机、防范金融风险、保障金融安全稳定等方面正发挥着日益重要的作用,而且如何发挥我国外汇储备的信用保证功能将逐步成为我国外汇储备管理的核心。因此,目前我国应充分发挥外汇储备在防范和化解金融风险中的特殊功能,并通过加强外汇储备的流动性管理,在优先满足外汇储备安全稳定需求的同时,以最优的规模动态地满足其他层次的外汇储备需求。当然也要认识到,外汇储备在维护我国金融安全与稳定方面的作用是有限的,还需要其他政策措施配合。

(4)模拟结果表明,当前我国最优外汇储备规模(最小规模)约为11282亿美元,理论规模(最大规模)约为17100亿美元,因此,我国外汇储备的适度区间为11282亿美元到17100亿美元之间,从而可推算出我国当前的超额外汇储备规模约为14300亿美元。由此可见，在当前我国存在大量超额外汇储备的情况下，如何加强外汇储备管理，充分发挥外汇储备在维护金融安全、支持我国"一带一路"和企业"走出去"战略中的特殊作用，提高我国外汇储备的盈利能力，达到外汇储备保值增值目标的同时，实现国家的金融安全和战略利益，是我国今后外汇储备管理工作的重点。

第5章 交易性外汇储备资产的多目标优化

5.1 引　　言

从一国对外汇储备需求的角度,可将其划分为交易性外汇储备和营利性外汇储备两大类。由于交易性储备需求属于一国的"刚性"需求,主要用于满足国际贸易、外债支付、外商直接投资、维持汇率稳定以及金融安全等需求,因此,又可将它划分为商品交易需求和金融交易需求。营利性需求是一国的投资性储备需求,是一种"额外"需求。在多层次外汇储备资产优化配置体系下,首先要做好的是交易性外汇储备资产的优化配置。因此,本章主要讨论交易性外汇储备资产的优化配置,而投资性外汇储备资产的优化配置将在第6章讨论。

对外汇储备资产优化配置的研究可谓由来已久,R. Triffin(1960)认为,一国的外汇储备与它的贸易进口额之比应保持一定的比例关系,从而开辟了研究外汇储备结构的先河。之后,虽有许多学者从不同角度研究外汇储备资产的优化配置,但主要集中在币种结构选择的研究上,对资产结构优化的研究较少,而针对交易性需求角度的研究更是鲜见。Dooley(1986)、Dooley et al.(1989)的研究表明,各国中央银行持有外汇储备是为了满足其交易和审慎性目的,即能否满足一国对外交易的需求是确定外汇储备最优币种结构的决定性因素。Horii(1986)认为,决定外汇储备币种结构决策的交易需求,不仅包括来自贸易的支付需求,而且还包括由国际资本流动带来的支付需求。Roger(1993)在研究外汇储备最优币种结构时,将外汇储备划分为三种方法,其中,交易法(transactions)认为一国最优的币种结构应满足对外交易支付或流动性的需要。Petursson(1995)的研究表明,传统的 MV 模型不能充分解释中央银行的投资行为,而交易成本模型能较好地解释央行的相对货币需求。Papaioannou et al.(2006)通过构建 PPS 模型,在确定最优货币权重时,将一国外贸的国别构成和外债的货币构成等作为 MV 模型最优化的决定因素,从而将交易支付法和均值—方差法结合在一起。Beck 和 Rahbari(2008)认为,一国持有外汇储备主要出于两个动因:交易需要和财富多元化;并且认为在交易需要中,用于满足支付进口的这种需要的重要性已经下降,而主要用于应对国际资本流动骤停(sudden stop)的需要。同时,Borio(2008)的研究也表明,由于美元在世界外汇交易中的比重在85%左右,如果对外汇市场进行干预,则应将美元作为计值单位。Hatase 和 Ohnuk(2009)对日本的研究表明,决定外汇储备币种结构的主要因素是贸易规模和外债币种结构。

在国内,由于我国外汇储备的快速增加,也有许多学者在外汇储备研究方面进行了一些有益的尝试(李超、周诚君,2008;曲强、张良、扬仁眉,2009)。在币种结构研究方面主要有盛松成(2008),杨胜刚、

第 5 章 交易性外汇储备资产的多目标优化

龙张红(2009),孔立平(2010),邹宏元等(2010),曲良波、宋清华(2012)。在资产结构研究方面主要有何帆、张明(2006),Wu Yi(2007),梅松、李杰(2008),周光友、罗素梅(2011),刘澜飚、张靖佳(2012),罗素梅等(2013)。

综上所述,虽然已有的研究为本书研究外汇储备资产优化配置提供了有益的思路,也是本书研究的基础,但还存在一些不足:一是大多研究只将一国的外汇储备视为一个整体而进行资产优化配置,从而忽略了外汇储备的多层次性,这就会造成外汇储备管理的盲目性和单一性;二是没有充分认识外汇储备功能的动态演变特征,从而忽略了外汇储备在不同演变阶段所发挥功能的差异性,进而降低了外汇储备管理的效果;三是缺少针对某一个国家的国别研究,由于各国外汇储备的成因及管理目标不尽相同,试图找到一种通用的管理方法是不切实际的,特别是对像我国这样持有巨额外汇储备的国家来说更是如此;四是大多研究还停留在币种结构的选择上,而对资产结构优化的研究相对较少,特别是将二者结合起来的研究几乎尚未涉及,事实上,只有同时重视币种结构选择和资产结构优化,并将二者有机结合才是真正意义上的外汇储备资产优化配置。

为此,本章以外汇储备的多层次需求为视角,将交易性外汇储备需求划分为商品交易需求和金融交易需求,从而构建基于交易性需求的外汇储备最优币种结构决定模型。在此基础上,引入层次分析法(AHP 模型)分析交易性外汇储备最优资产结构的决定因素,并尝试性地利用 MV 模型进行求解,得出交易性外汇储备的最优资产结构,最终实现币种结构选择和资产结构优化的统一,从而为外汇储备的管理提供明确可靠的理论依据。

5.2 理论分析

5.2.1 交易性外汇储备的界定

外汇储备的功能是用以满足一国经济发展中的各种需求，因此可将其划分为不同的层次。如果按适度性，可将其划分为适度规模和超额规模；如果按需求层次，可划分为基本交易需求、预防性需求、金融安全需求和投机盈利需求（周光友、罗素梅，2011）。如果按交易对象，又可将其划分为商品交易需求和金融交易需求，而由于这两种需求涵盖了外汇储备的基本功能，它们充分体现了一国外汇储备的"刚性"需求特征，并且遵循外汇储备管理的安全性、流动性原则。同时，我们认为，决定外汇储备最优币种结构的因素主要取决于其能否满足商品交易和金融交易需求，也只有在估计出最优币种结构的基础上再对外汇储备资产进行优化配置，降低外汇储备的持有风险，才能实现外汇储备保值增值的目标。因此，交易性外汇储备各层次之间的关系可用图5.1表示。

根据上述分析，我们又可将构成交易性外汇储备需求的商品交易需求和金融交易需求进一步细化，其中，商品交易需求主要取决于对外贸易量特别是进口量的大小。而由于近年来金融危机的频发以及传染性的进一步增强，外汇储备在防范金融安全中的作用日益突出，功能也逐步演变，因此影响外汇储备金融交易需求的因素也较为复杂。从金融交易需求的角度看，我们可将其划分为外债支付需求、

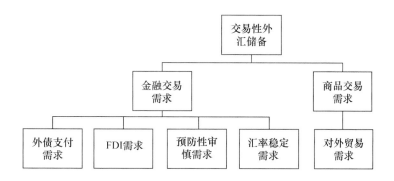

图 5.1 交易性外汇储备的层次关系

对外直接投资利润回流需求、汇率稳定需求以及预防性审慎需求,由于金融交易需求的最终目的是维护一国的金融安全,因此,我们也可将金融交易需求视为金融安全需求。另外,由于上述决定交易性外汇储备需求的因素不仅考虑了外贸需求和外债支付需求,而且还体现了汇率因素对交易性外汇储备需求的影响,因此本书引入 DLM 模型(Dooley et al.,1989),在对其进行拓展的基础上,构建基于交易性需求的外汇储备最优币种结构决定模型。

5.2.2 模型的建立

如上所述,交易性外汇储备由商品交易需求和金融交易需求两部分构成,因此我们首先构建交易性外汇储备币种结构决定的基本模型,再分别构建基于商品交易需求和金融交易需求的外汇储备最优币种结构决定模型。

(1) 基本模型

$$\frac{TD_{kt}}{R_t} = \frac{CD_{kt}}{R_t} + \frac{FD_{kt}}{R_t} \tag{5.1}$$

其中，t 表示基数（$t=1,2,\cdots,T$），k 表示储备币种个数，即美元、欧元、日元和英镑，即 $k=1,2,\cdots,4$。[①] TD_{kt}/R_t 表示在外汇储备中用于满足交易性需求的货币结构；R_t 表示在 t 时期末的交易性外汇储备余额（以美元计算，下同），TD_{kt} 表示在 t 时期持有的用于满足交易性需求的以货币 k 计值的储备资产（期末转换为美元）；CD_{kt}/R_t 表示在 t 时期交易性外汇储备中用于满足商品交易需求的货币结构，CD_{kt} 表示在 t 时期持有的用于满足商品交易需求的以货币 k 计值的储备资产（期末转换为美元）；FD_{kt}/R_t 表示在交易性外汇储备中用于满足金融交易需求的货币结构，FD_{kt} 表示在 t 时期持有的用于满足金融交易需求的以货币 k 计值的储备资产（期末转换为美元）。

(2) 基于商品交易需求的最优币种结构

由于一国与国家间的商品交易主要通过对外贸易来实现，并且在对外贸易过程中所产生的外汇储备需求主要体现在进口贸易上，所以我们用进口所产生的外汇储备需求来度量商品交易需求，从而可得到：

$$\frac{CD_{kt}}{R_t} = \sum_{k=1}^{4}(IMP_{kt}/IMP_t) \tag{5.2}$$

在式（5.2）中，IMP_{kt}/IMP_t 表示进口支付的币种需求对交易性外汇储备币种结构的影响；IMP_t 表示在 t 时期的进口支付总和，

[①] 根据国际货币基金组织（IMF）和世界银行的测算，发展中国家外汇储备持有的币种主要是美元、欧元、日元和英镑，中国也不例外，因此，我们假设中国也只持有上述四种货币，并将四种货币的组合视为一个货币篮子。

第 5 章 交易性外汇储备资产的多目标优化

IMP_{kt} 表示在 t 时期用于满足进口支付币种 k 的结构。

（3）基于金融交易需求的最优币种结构

近年来，随着金融危机爆发的频率越来越高，以及传染性的逐步增强并出现了一些新的特点，外汇储备在维护一国金融安全方面的重要性也被大多数国家充分认识，用于满足金融交易需求的外汇储备也相应增加，对外汇储备的主要需求也从传统的满足支付需求转向满足金融交易需求。同时在复杂的国际形势下，影响金融安全的因素也在增多，内生因素与外生因素并存，国内因素与国际因素交错。但这些因素归根结底主要由外债支付需求、外商直接投资利润回流需求、预防性审慎需求以及汇率稳定需求构成，可表达为：

$$\frac{\text{FD}_{kt}}{R_t} = \sum_{k=1}^{4}(\text{DEB}_{kt}/\text{DEB}_t) + \sum_{k=1}^{4}(\text{FDI}_{kt}/\text{FDI}_t) + \sum_{k=1}^{4}(\text{EXC}_{kt}/\text{EXC}_t) + \sum_{k=1}^{4}(\text{PRE}_{kt}/\text{PRE}_t) \quad (5.3)$$

式（5.3）中，$\text{DEB}_{kt}/\text{DEB}_t$ 表示外债支付对币种结构的影响，DEB_t 表示 t 时期的债务余额，DEB_{kt} 表示在 t 时期用于满足偿债需求所需的币种 k 的结构；$\text{FDI}_{kt}/\text{FDI}_t$ 表示 FDI 利润回流对币种结构的影响，FDI_t 表示在 t 时期一国实际利用外资的余额，FDI_{kt} 表示在 t 时期用于满足 FDI 利润回流所需的币种 k 的结构；$\text{EXC}_{kt}/\text{EXC}_t$ 表示汇率波动对币种结构的影响，EXC_t 表示 t 时期的外汇市场交易量，EXC_{kt} 表示在 t 时期用于满足稳定汇率所需的币种 k 的结构；$\text{PRE}_{kt}/\text{PRE}_t$ 表示预防性审慎需求对币种结构的影响，PRE_t 表示 t 时期的预防性审慎需求量，PRE_{kt} 表示在 t 时期用于满足预防性审慎需求所需的币种 k 的结构。

至此，我们将式（5.2）、式（5.3）代入式（5.1）可得：

$$\frac{\text{TD}_{kt}}{R_t} = \sum_{k=1}^{4}(\text{IMP}_{kt}/\text{IMP}_t) + \sum_{k=1}^{4}(\text{DEB}_{kt}/\text{DEB}_t) + \sum_{k=1}^{4}(\text{FDI}_{kt}/\text{FDI}_t)$$

$$+ \sum_{k=1}^{4}(\text{EXC}_{kt}/\text{EXC}_i) + \sum_{k=1}^{4}(\text{PRE}_{kt}/\text{PRE}_t) \quad (5.4)$$

式(5.4)即为基于交易性需求的外汇储备最优币种结构决定模型。

5.3 最优币种结构的估计

根据理论分析可知,交易性外汇储备最优币种结构的决定因素主要有国际贸易需求、FDI 支付需求、汇率稳定需求以及预防性审慎需求。为了进一步分析各因素对交易性外汇储备币种结构的影响,接下来我们选取 2013—2017 年的相关数据。由于近年来世界经济波动较大,如果时间跨度较大(比如 10 年),计算的结果(特别是加权平均后)虽然能反映这个时期的整体情况,但不能很好地反映当前的情况,对现实也缺乏指导意义。而如果选择的期限太短(比如 3 年),虽然更能反映当前的情况,但不能很好地规避经济波动的影响。因此,我们选择 5 年的数据,分别估计各因素准则下的最优币种结构,进而估计出交易性外汇储备资产的最优币种结构。

5.3.1 对外贸易

满足对外贸易的需求是一国最基本、最常规的外汇储备需求,而由于对外贸易的对象较多,为了满足这种多样化的需求就必须持有不同的币种来应对,又由于与各国的贸易量并不相同,所需币种的外

第5章 交易性外汇储备资产的多目标优化

汇储备必然存在差异。一般来说，一国与另一国的贸易量越大，则会持有该国越多的货币，该国货币的权重也将会上升。有研究表明，一国对美国的贸易量每增加1％，美元占该国外汇储备的权重就会增加0.6％左右（Heller and Knight，1978），这说明一国的贸易结构是影响外汇储备币种结构的一个重要因素。而在对外贸易中，外汇储备主要用于满足进口需求，因此，我们可通过近几年我国与主要贸易伙伴的进口结构来估计对外贸易准则下的最优币种结构，相关数据如表5.1所示：

表5.1 2013—2017年中国和主要贸易伙伴的进口贸易占比（单位：％）

国家（地区）	2013	2014	2015	2016	2017	平均占比
美国	7.82％	8.12％	8.92％	8.51％	8.43％	8.36％
日本	8.33％	8.33％	8.52％	9.16％	9.01％	8.67％
欧盟	11.29％	12.47％	12.47％	13.12％	13.32％	12.53％
英国	0.98％	1.21％	1.13％	1.17％	1.21％	1.14％
韩国	9.39％	9.72％	10.39％	10.02％	9.65％	9.83％
澳大利亚	5.05％	5.01％	4.40％	4.42％	5.14％	4.80％
俄罗斯	2.03％	2.12％	1.97％	2.02％	2.23％	2.07％
东盟	10.23％	10.65％	11.20％	12.35％	12.83％	11.45％
中国台湾	8.03％	7.77％	8.63％	8.82％	8.44％	8.34％
中国香港	0.83％	0.66％	0.76％	1.07％	0.41％	0.75％

数据来源：Wind资讯（经计算整理）。

根据表5.1，可将我国的贸易伙伴依据重要程度划分为三个级别：第一级别的比重为10％及以上，它们是欧盟、东盟和韩国；第二级别的比重为8％左右（日本、中国台湾和美国）；第三级别的比重为4％以下，主要包括澳大利亚、俄罗斯和中国香港。根据支付惯例和计价、结算货币,可将我国与这些国家的进口贸易比例归入相应的币种。美元、欧元、日元和英镑是公认的计价货币,我国与这些国家的贸易支付可使用相应的货币,即将 8.67% 计入日元,11.39% 计入欧元(扣除英镑 1.14%),1.14% 计入英镑,8.63% 计入美元。由于韩元、新台币、卢布和港币都不是自由兑换货币,因此将我国与这些货币发行国的进口贸易计入美元。① 此外,表 5.1 之外 33.20% 的进口贸易比例则按四种主要储备货币的权重分别计算后加入相应币种。② 因此,可得到对外贸易准则下交易性外汇储备资产的币种结构,美元、欧元、日元以及英镑的权重分别为 68.26%、17.05%、12.98% 以及 1.71%。

5.3.2 外债支付

外债本息的支付是一国对外支付的重要形式之一,也是外汇储备发挥维护本国信誉、防范债务风险作用的重要途径。一般来说,由于一国往往与多个国家存在债务关系,在偿付外债时也就需要用不同的货币进行支付,这就会对不同的货币产生需求,从而形成多样化的币种结构,因此一国为了满足外债偿付需求就会持有不同的货币。此外,由于一国的外债来源决定了一国的外汇储备支付结构,因此,我们在估计最优币种权重时,可通过测算外债的来源结构来估计其偿付结构。为此,我们可编制出我国近几年的外债结构(如表 5.2 所

---

① 港元虽然可自由兑换,但主要钉住美元,且不是主要的国际储备货币,在此我们也将其计入美元。

② 由于我国与表 5.1 之外的其他国家和地区的进口贸易会涉及美元、欧元、日元和英镑,在此我们根据已经计算出的四种货币的权重,分别乘以未计入部分的比例,并将计算结果分别加入这四种主要货币。

示)。2015年,外管局首度发布我国银行业对外资产负债数据。我们根据其中对外金融负债的货币结构分析我国的外债货币结构。

表 5.2 2015—2017 年中国的外债货币结构

币种	2015	2016	2017	平均值
美元	45.28%	51.86%	53.74%	50.29%
欧元	5.46%	5.09%	6.64%	5.73%
日元	2.76%	2.00%	1.48%	2.08%
英镑	0.30%	0.54%	0.21%	0.35%
其他	46.21%	40.51%	37.93%	41.55%

数据来源:根据 2015—2017 年的《中国国际收支报告》计算整理。

从表 5.2 可看出,2015 年至 2017 年间,我国对外金融负债的平均货币比例中,美元、欧元、日元、英镑及其他分别为 50.29%、5.73%、2.08%、0.35% 和 41.55%。其中,美元的比例最大,占整个金融负债的一半,而欧元、日元、英镑占比较小。如果从偿还外债本息的币种结构分析,应将其他中的 41.55% 根据相应的权重分别计入美元、欧元、日元和英镑,从而可得到基于外债支付准则的交易性外汇储备最优币种权重为美元 86.04%、欧元 9.80%、日元 3.56%、英镑 0.60%。

5.3.3 FDI 支付

我国改革开放以来,外商直接投资的规模越来越大,从而加大了我国资本项目顺差。而外商直接投资的目的在于追求更多的盈利,并在获利后汇回投资来源国,在这个过程中,由于外商直接投资来源于不同国家或地区,相应地在利润汇出时就会产生不同的币种需求,因此一国持有的外汇储备必须能满足各国利润汇出时的币种需求，从而形成相应的币种结构。基于此，我们可通过外商直接投资的来源结构来估计 FDI 支付准则下的外汇储备最优币种结构。在此，我们选择 2007 年至 2011 年对华直接投资的主要国家的数据来进行分析（如表 5.3 所示）。

表 5.3 2013—2017 年我国主要实际外商投资占比   （单位：%）

国家（地区）	2013	2014	2015	2016	2017	平均值
中国香港	59.23%	63.24%	63.72%	60.93%	79.38%	65.30%
中国台湾	1.68%	1.57%	1.13%	1.47%	3.80%	1.93%
韩国	2.46%	3.09%	2.98%	3.55%	2.96%	3.01%
日本	5.70%	3.37%	2.36%	2.32%	2.62%	3.27%
新加坡	5.83%	4.53%	5.09%	4.52%	3.88%	4.77%
英国	1.25%	1.20%	1.20%	1.12%	1.20%	1.19%
欧盟	5.26%	4.85%	4.80%	6.58%	7.05%	5.71%
美国	2.28%	1.84%	1.54%	1.78%	2.51%	1.99%

数据来源：根据《中国外资统计》计算整理，其中欧盟 5 年的平均占比 5.71% 中包括英国的 1.19%。

从表 5.3 可知，香港地区是我国外商直接投资的绝对主体，2013 年至 2017 年在外商投资总额中的平均占比达 65.30%，欧盟为 5.71%（包括英国的 1.19%），而其他国家或地区在 3%—5% 的水平。如果遵循 FDI 来源结构决定利润回流币种结构的原则，我们可将美国的 1.99% 和香港地区的 65.30% 直接计入美元，将日本的 3.27% 计入日元，将欧盟的 4.52%（扣除英镑的 1.19%）计入欧元，将 1.19% 计入英镑，将新加坡的 4.77%、中国台湾的 1.93% 和韩国的 3.01% 及未在表中显示的其他国家和地区的 12.83% 按相应的比例计入美元、欧元、日元和英镑四种货币,从而得到 FDI 支付准则下的交易性外汇储备最优币种结构为美元 88.23%、欧元 5.93%、日元 4.29%、英镑 1.56%。

5.3.4 汇率稳定需求

我国自 2005 年实施"汇改"以来,实行有管理的浮动汇率制度,人民币汇率不再钉住单一的美元,而是实行富有弹性的人民币汇率机制。与单一钉住美元的汇率制度不同,参考一篮子货币不仅能更为全面地反映人民币对主要货币的变化,而且有效降低了美元波动给人民币带来的影响。虽然不能简单地将一篮子货币的构成和外汇储备币种结构一视同仁,但由于一国的汇率制度与外汇储备之间有着非常紧密的联系,而要维持一国汇率的稳定,在确定外汇储备币种权重时不能不考虑一篮子货币的权重。为此,我们根据世界各国投资银行对我国一篮子货币权重的预测来确定交易性外汇储备的最优币种结构。

目前,主要存在三种人民币汇率指数,不同的指数分别对应 CFETS 货币篮子、BIS 货币篮子和 SDR 货币篮子。2015 年 12 月 11 日,外汇中心正式发布了 CFETS 人民币汇率指数,篮子货币权重采用考虑转口贸易因素的贸易权重法计算而得。于 2017 年 1 月 1 日完成货币篮子的首期调整,CFETS 篮子货币数量由 13 种变为 24 种,基本涵盖我国各主要贸易伙伴币种,进一步提升了货币篮子的发表性。而 BIS 货币篮子采用双重权重法对进出口权重加权,其中进口权重直接按进口量分配,出口权重需经第三方竞争力调整;SDR 货币篮子则为特别提款权货币篮子。可以从表 5.4 看出,相较于 BIS 货币篮子,CFETS 货币篮子的国别相关性更高,对美国等发达国家的权重也更高。

表 5.4 不同汇率指数参考的一篮子货币权重

币种	CFETS	BIS	SDR
美元	22.40%	17.80%	46.85%
欧元	16.34%	18.70%	34.72%
日元	11.53%	14.10%	9.35%
英镑	3.16%	2.90%	9.08%
共计	53.43%	53.50%	100.00%

数据来源:中国外汇交易中心官网。

由于其他货币不是自由兑换货币,因此我们分别将 CEFTS 货币篮子、BIS 货币篮子中的 46.57%、46.5% 按美元、欧元、日元和英镑的比例分别计入相应的币种,并将三种货币篮子下的权重进行平均,从而可得到汇率稳定准则下交易性外汇储备最优币种结构为美元 40.68%、欧元 33.42%、日元 19.09%、英镑 6.80%。

表 5.5 不同汇率指数参考的一篮子货币权重(调整)

币种	CFETS	BIS	SDR	平均值
美元	41.92%	33.27%	46.85%	40.68%
欧元	30.58%	34.95%	34.72%	33.42%
日元	21.58%	26.36%	9.35%	19.09%
英镑	5.91%	5.42%	9.08%	6.80%

5.3.5 预防性审慎需求

随着全球金融一体化和信息化步伐的加快,国际资本的快速流

第 5 章 交易性外汇储备资产的多目标优化

动加剧了金融市场的风险,同时,金融危机爆发的频率也越来越高。世界各国应对历次金融危机的经验表明,持有足额的外汇储备和合理的币种结构有利于维护本国金融市场的稳定以及防范和化解金融风险。而影响预防性审慎需求币种结构的因素主要有外汇市场和跨境资本流动两个方面:一是从外汇市场方面看,由于它是交易量最大的市场,全球日均交易量已经超过 6 万亿美元,如果根据交易量的大小排序,依次是美元、欧元、日元、英镑和澳元。[1] 在我国也不例外,近年来,我国外汇市场交易量逐年放大,2013 至 2017 年年均增长 126.15%。[2] 因此,在外汇市场交易量不断增加和波动日益剧烈的情况下,为应对可能出现的金融风险,要求我们不仅持有足够的外汇储备,而且还要合理优化币种结构,以备不时之需。

二是从跨境资本流动方面看,我国跨境资本流动量呈现波动趋势(这里是将国际收支平衡表中资本与金融账户的借方、贷方绝对值进行相加)。根据上述分析,我们已测算出 2007—2017 年我国 FDI 支付的币种结构为美元 88.23%、欧元 5.93%、日元 4.29%、英镑 1.56%,而同期的外债支付币种结构则是美元 86.04%、欧元 9.80%、日元 3.56%、英镑 0.6%。

综上所述,我们将 2013 年至 2017 年我国外汇市场交易量、FDI 支付及外债支付占外汇储备总额的比重作为预防性审慎需求准则下币种结构的权重系数,计算结果如表 5.6 所示:

---

[1] 资料来源:中国经济网。
[2] 资料来源:中商情报网。

表5.6 预防性审慎需求准则下币种结构的权重

年份	实际外汇储备（亿美元）	FDI（亿美元）	FDI占比%	外债总额（亿美元）	外债占比%	跨境资本流动（亿美元）	跨境资本流动占比%
2013	38 213.15	1 175.86		—		12 209	
2014	38 430.18	1 197.05		—		9 960	
2015	33 303.62	1 262.67	11.09%	5 075	44.58%	5 047	44.33%
2016	30 105.17	1 260.01	9.38%	6 616	49.26%	5 554	41.36%
2017	31 399.49	1 310.4	6.96%	8 763	46.58%	8 741	46.46%
平均值	34 290.32	1 241.198	7.59%	6 818	41.67%	8 302.2	50.74%

计算结果表明,外商直接投资、外债和跨境资本流动占实际外汇储备的平均比重分别为7.59%、41.67%和50.74%,我们用这三个比例分别作为权重系数,并结合已经估计出的FDI支付需求、外债支付需求和汇率稳定需求的币种权重,通过加权平均最终估计出基于预防性审慎需求的交易性外汇储备最优币种结构。测算结果如表5.7所示:

表5.7 预防性审慎需求准则下最优币种结构估计①

币种	FDI支付需求	外债支付需求	汇率稳定	加权平均值
美元	88.23%	86.04%	40.68%	63.19%
欧元	5.93%	9.80%	33.42%	21.49%
日元	4.19%	3.56%	19.09%	11.49%
英镑	1.56%	0.60%	6.80%	3.83%

从表5.7可看出,在满足预防性审慎需求的币种结构中,美元占

---

① 由于跨境资本流动的大小直接影响一国汇率稳定,因此在计算汇率稳定需求的外汇储备占外汇储备总额的比重时,我们选择跨境资本流动量代替汇率稳定对外汇储备的需求量,并依此计算权重。

总权重的 63.19%,有着举足轻重的地位,接下来是欧元和日元,分别为 21.49% 和 11.49%,而英镑的占比相对较小,仅为 3.83%。这主要是由于在决定预防性审慎需求币种结构的各因素中,美元占比都是最高的,同时在各国金融市场中交易的货币也主要以美元为主,在应对突发情况、维护金融市场稳定以及防范金融风险时,美元的作用也更加明显。因此,将更多的美元作为满足预防性审慎需求的币种就不足为奇了。

5.3.6 总权重的计算

根据上述分析,我们可将各准则下的币种结构进行汇总,通过计算它们的加权平均值,最终得出交易性外汇储备最优币种结构。计算结果如表 5.8 所示:

表 5.8 交易性外汇储备最优币种结构的估计结果

币种	对外贸易	FDI支付	外债支付需求	汇率稳定	预防性需求	加权平均值
美元	68.26%	88.23%	86.04%	40.68%	63.19%	69.28%
欧元	17.05%	5.93%	9.80%	33.42%	21.49%	17.54%
日元	12.98%	4.19%	3.56%	19.09%	11.49%	10.26%
英镑	1.71%	1.56%	0.60%	6.80%	3.83%	2.92%

至此,我们已经估计出交易性外汇储备资产的最优币种权重分别为美元 69.28%,欧元 17.54%,日元 10.26%,英镑 2.92%。从币种权重看,美元仍然是我国交易性外汇储备资产的主要币种选择,这充分体现了美元在当前世界经济中的主导地位。近几年,中欧关系不断升温,随着《中欧合作 2020 战略规划》的签署和逐渐全面落实,

中欧关系的水平不断提升,欧元占比存在上升趋势;同时,日本经济在近几年内发展较为缓慢,币种权重有所下降;英镑在我国交易性外汇储备资产币种权重中相对稳定。可见,最优币种结构的估计结果基本符合我国的实际。

5.4 外汇储备的资产结构优化

通过上文的分析和测算,我们已经估计出当前我国交易性外汇储备最优的币种结构。然而,确定币种结构虽然很重要,但它仅仅是外汇储备资产优化配置的一部分,对现实的指导意义十分有限,因为这并没有告诉我们在相应的币种比例下应该具体持有何种形式的金融资产或其他资产。因此,我们认为币种结构权重需要赋予具体资产的内容才有现实意义,而资产结构权重中也应隐含着货币构成,二者你中有我,我中有你,是外汇储备资产优化配置密不可分的两个重要方面。为此,在这部分中,为了充分体现储备资产优化配置的多层次特征,我们在币种结构权重已经确定的基础上,尝试性地构建交易性外汇储备资产结构优化的 AHP 模型,并引入 MV 模型(均值—方差模型)求解 AHP 模型,最终测算出资产结构权重。

5.4.1 AHP 模型的构建

层次分析法(the analytic hierarchy process,AHP)是 20 世纪 70 年代由著名的美国运筹学家 T. L. saaty 提出,适合于复杂问题的系统分析与决策方法。本书引用 AHP 模型分析外汇储备资产结构优化问题,注重的是该模型适合于分析多目标、多层次复杂问题决策的思想和形式,但对模型的构建和求解方法进行了改进和创新。首先,本书构建的 AHP 模型属于不完全层次结构模型,即并非上层每个因素都支配着下一层所有因素。其次,我们放弃了通过采用 1—9 的比较标度来构造各层次判断矩阵以及计算权向量的传统求解方法,而是在 AHP 模型的思想框架下,利用大量的现实数据和 MV 模型进行求解,这在很大程度上克服了传统求解方法主观性较强的缺点,提高了估算结果的准确性。

1. 目标层和准则层的确定

根据交易性外汇储备资产优化配置的思想,并结合 AHP 模型的特点,本书将交易性外汇储备资产优化配置作为目标层,而将美元、欧元、日元和英镑作为准则层。

2. 方案层的确定

外汇储备币种结构的确定在资产优化配置中具有决定性的作用,它不仅决定了外汇储备资产的主要投向,而且将影响币种结构的因素传递到资产结构,从而引起资产结构的变化。根据交易性外汇储备资产的短期性、安全性、流动性的特点,并遵循安全稳健、兼顾收益的管理原则以及保值增值的管理目标,我们只能将交易性外汇储备资产绝大部分投资到货币市场,即投资于到期期限不超过一年的货币市场工具。由于货币市场工具较多,主要包括外币现金、短期外币存款、活期存款、国库券、短期政府机构债券、高等级短期企业债券以及货币市场基金等,为了便于本书的分析,我们将它们分为货币性存款、短期国债、短期政府机构债券以及货币市场基金四大类,并将它们作为基于交易性外汇储备资产结构优化 AHP 模型的方案层。

(1) 货币性存款

本书所指的货币性存款是存款期限在一年以内,变现能力极强和变现成本极低的存款,它具有准现金的特征,因此,这类资产也具有极强的"货币性"。随着电子信息和计算机网络技术的快速发展,电子货币的大量使用不仅改变了货币的形态,也对传统货币特别是现金产生了明显的替代效应,并模糊了各货币层次之间的关系,使各种金融资产之间的相互转化变得轻而易举(周光友,2006)。由于以现金方式持有的机会成本较高,外汇储备也较多地以短期存款的形式持有,如需要现金可由活期存款快速变现,因此,目前我国交易性外汇储备也较多以外币活期存款的方式持有,货币性存款也因此成为外汇储备资产持有的一种重要形式。

(2) 短期国债

短期国债是一种由各国政府发行的期限在一年以内并由政府担保的短期债券,它具有流动性强、安全性高的特点,因此被视为无风险债券。近年来,大多数国家的中央银行都把短期国债作为外汇储备短期投资的主要品种,我国也不例外,据统计显示,我国外汇储备持有的短期国债数量也在逐年增加。

(3) 短期政府机构债券

除短期国债外,政府机构债券是另一种经批准的政府部门和有关机构发行的借款凭证,短期政府机构债券的期限一般都在一年以内(含一年),或者是未到期期限在一年以内的其他中长期政府机构债券。虽然政府机构债券不由政府直接发行,但也是由政府担保或隐性质保的,因此具有强烈的政府背景,安全性也较高,从而成为世界各国外汇储备投资的品种之一。

(4) 货币市场基金(money market fund,MMF)

货币市场基金是一种投资于货币市场短期有价证券的投资基金。货币市场基金最早产生于20世纪70年代的美国,它主要投资于国库券、银行定期存单、商业票据、短期政府债券、企业债券等短期有价证券。由于货币市场基金一般投资于高质量的货币市场工具,由此形成的投资组合具有流动性强、安全性高和收益稳定的特点,而且有的货币市场基金还具有可用基金账户支付消费账单、签发支票的便利,因此深受投资者欢迎,而且它的这些优点和特性非常符合外汇储备投资的要求。

根据上述分析,我们在选定交易性外汇储备资产投资标的后,结合我国交易性外汇储备资产优化配置的目标、原则和策略,在已确定的币种权重基础上,根据各国货币市场的发展状况,选择该国相应的投资工具。因此,我们可在美元、欧元、日元和英镑等币种下分别配置货币性存款、短期国债、政府机构债券以及货币市场基金,并构建不完全层次结构的AHP模型(如图5.2所示)。①

5.4.2 AHP模型求解

由图5.2所示的AHP模型可知,若按传统的求解方法,要估计

---

① 需要说明的是,短期政府机构债券只在美元资产中配置,这主要是由于:一是政府机构债券的发行和流通在美国更为成熟。二是根据我们测算出的交易性外汇储备资产币种权重,美元的权重占有绝对地位,超过其他三种货币的总权重,加之美国货币相对发达,可选择的投资工具也较多,这就要求我们在外汇储备资产配置时将美元资产的配置放在重要地位,并将资产进行分散化。

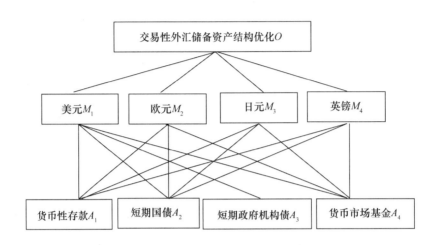

图 5.2　交易性外汇储备资产结构优化的 AHP 模型

交易性外汇储备的资产结构,需要构造 O—M、M_1—A、M_2—A、M_3—A、M_4—A 五个矩阵。即应在确定准则层的各币种权重后再确定各币种下的资产结构,最后估计出针对目标层的资产结构权重。但由于前文已经估计出币种权重,并且本书在使用 AHP 模型时注重的只是模型本身的思想,因此,在对模型求解时,为了克服 AHP 模型对判断矩阵赋值和进行权向量计算时的主观性,我们对 AHP 模型的求解方法进行了重要改进:首先,由于我们是在币种结构已知的基础上求解资产结构的,币种结构可直接使用前文的计算结果,即 O—M 的权重向量分别为美元 69.28%%,欧元 17.54%,日元 10.26%,英镑 2.90%。其次,对各币种准则下的资产权重,我们引用马柯维茨的均值—方差模型求解获得。最后,将 AHP 模型和马柯维茨的均值—方差模型进行巧妙的结合,进一步计算出交易性外汇储备资产的结构权重。

第 5 章 交易性外汇储备资产的多目标优化

(1) 马柯维茨的均值—方差模型

1952 年,美国经济学家亨利·马柯维茨(Harry M. Markowitz)在《金融》期刊上发表了一篇题为《证券组合选择》的论文,被视为现代投资组合理论的开端。此后,他又在 1959 年出版的同名专著中对证券投资组合收益和风险的主要原理及分析方法进行了全面深入的阐述,建立了经典的证券投资组合均值—方差模型。根据马柯维茨的理论,如果投资者为理性的经济人,他的投资行为就应该具有"风险规避性"或"收益追逐性"特征,即投资者在证券投资过程中总是力求在收益一定的条件下使风险最小或在风险一定的条件下使收益最大。具有这种特征或条件的组合点在风险—收益平面坐标内就构成了投资组合的效率边界,而代表投资者不同偏好的无差异曲线与效率边界的切点就是最优投资组合,该投资组合可以最大化投资者的效用。

中央银行作为外汇储备的管理机构,承担着外汇储备资产优化配置并使其保值增值的责任。但是我们认为,交易性外汇储备属于一国"刚性"需求的外汇储备,中央银行即便是理性的投资者,对该部分储备资产的投资也不会以追求利益最大化为目标,而是更注重资产的安全性和流动性。所以,中央银行属于风险规避型投资者,对交易性储备资产的投资目标主要是实现它的各项功能和保值,为此,我们在对交易性外汇储备资产进行优化配置时应该选择期望收益既定条件下的风险最小投资组合模型:

$$\min \sigma_p^2 = \sum_{i=1}^{N} x_i^2 \sigma_i^2 + \sum_{i=1}^{N} \sum_{\substack{j=1 \\ j \neq i}}^{N} x_i x_j \sigma_{ij} \quad (5.5)$$

$$\text{s.t.} \begin{cases} \sum_{i=1}^{N} x_i E(r_i) = E(r_p) \geqslant \mu \\ \sum_{i=1}^{N} x_i = 1 \\ x_i \geqslant 0, \quad i = 1, 2, \cdots, N \end{cases} \tag{5.6}$$

式(5.5)为目标函数,式(5.6)为约束条件。其中,σ_p^2 表示投资组合的方差(风险),$E(r_p)$ 表示投资组合的期望收益率,i、j 表示投资组合中的任意两种证券,当 $i \neq j$ 时,σ_{ij} 表示证券 i 和 j 的协方差;当 $i = j$ 时,$\sigma_{ij} = \sigma_i^2$ 为证券 i 的方差。x_i、x_j 分别为组合中证券 i 和证券 j 的权重,$E(r_i)$ 为组合中证券 i 的期望收益率,μ 为事先设定的投资组合目标收益率,$x_i \geqslant 0$ 说明不允许卖空,N 为投资组合中的证券种类。整个模型的经济意义是,实现既定收益的情况下使投资组合的风险最小。

(2)数据来源与指标说明

根据交易性外汇储备资产结构优化的 AHP 模型,本书选择方案层的四种资产,即货币性存款、短期国债、短期政府机构债和货币市场基金作为美元、欧元、日元和英镑四种货币准则下的备选资产。同时,为了便于统一比较分析,我们假定各种货币的各类资产平均持有期限都为半年。所以,本书选取 2003—2012 年这四种资产分别在相应四个货币发行国的半年期名义收益率数据。其中,货币市场基金收益率的数据用货币市场收益率来代替,欧元的短期国债和货币市场基金收益率用德国的数据来代替。各种货币的货币性存款、短期国债和短期政府机构债收益率数据来自彭博资讯(Bloomberg)数据库,货币市场基金收益率数据来自 International Financial Statistics (IFS)。

第 5 章 交易性外汇储备资产的多目标优化

5.4.3 各币种准则下的资产权重确定

(1) 美元资产结构优化

根据所选取的 2003—2012 年的十年美元货币性存款、短期国债、短期政府机构债和货币市场基金的半年期收益率数据,通过统计软件 EViews 6.0 计算分析,得到这四种美元资产的半年期十年平均收益率(在此处分别作为各种资产的预期收益率)、方差和协方差,如表 5.9 所示:

表 5.9 2003—2012 年四种美元资产的预期收益率、方差和协方差

资产种类	预期收益率($E(r_i)$)%	方差(σ_{ii})	协方差(σ_{ij})
货币性存款	$E(r_1) = 2.3442$	$\sigma_1^2 = 3.4388$	$\sigma_{12} = \sigma_{21} = 3.4625$
短期国债	$E(r_2) = 1.9158$	$\sigma_2^2 = 3.5882$	$\sigma_{13} = \sigma_{31} = 3.6095$ $\sigma_{14} = \sigma_{41} = 3.3721$
短期政府机构债	$E(r_3) = 2.0690$	$\sigma_3^2 = 3.8207$	$\sigma_{23} = \sigma_{32} = 3.6804$ $\sigma_{24} = \sigma_{42} = 3.4753$
货币市场基金	$E(r_4) = 1.8182$	$\sigma_4^2 = 3.3981$	$\sigma_{34} = \sigma_{43} = 3.5780$

建立美元资产组合 $X = (x_1, x_2, x_3, x_4)$,其中 x_1, x_2, x_3, x_4 分别代表货币性存款、短期国债、短期政府机构债和货币市场基金的投资比例。根据期望收益既定条件下的风险最小投资组合模型式(5.5)和表 5.9 中的数据,可建立收益一定、风险最小化的美元资产结构优化模型如下:

$$\begin{aligned}
\min \sigma_p^2 = & x_1^2 \sigma_1^2 + x_2^2 \sigma_2^2 + x_3^2 \sigma_3^2 + x_4^2 \sigma_4^2 \\
& + 2(x_1 x_2 \sigma_{12} + x_1 x_3 \sigma_{13} + x_1 x_4 \sigma_{14} + x_2 x_3 \sigma_{23} \\
& + x_2 x_4 \sigma_{24} + x_3 x_4 \sigma_{34})
\end{aligned} \quad (5.7)$$

$$\text{s.t.} \begin{cases} E(r_p) = x_1 E(r_1) + x_2 E(r_2) + x_3 E(r_3) + x_4 E(r_4) \geqslant \mu \\ x_1 + x_2 + x_3 + x_4 = 1 \\ x_1 \geqslant 0, x_2 \geqslant 0, x_3 \geqslant 0, x_4 \geqslant 0 \end{cases} \quad (5.8)$$

在此,我们设定美元资产组合的期望收益率等于四种资产预期收益率的平均值。即:

$$\mu = \frac{1}{4}[E(r_1) + E(r_2) + E(r_3) + E(r_4)] \quad (5.9)$$

将表5.9中的数据代入上述模型式(5.7)和式(5.8),并运用LINGO 9.0软件进行求解可得:

$$x_1 = 0.4156, \quad x_2 = 0, \quad x_3 = 0, \quad x_4 = 0.5844$$

所以,在美元资产组合中,货币性存款、短期国债、短期政府机构债和货币市场基金的最优权重分别为41.56%、0、0和58.44%。

(2) 欧元资产结构优化

根据所选取的2003—2012年的十年欧元货币性存款、短期国债和货币市场基金的半年期收益率数据,通过统计软件EViews 6.0计算分析,得到这三种欧元资产的半年期十年平均收益率(在此处分别作为各种资产的预期收益率)、方差和协方差,如表5.10所示:

表5.10　2003—2012年三种欧元资产的预期收益率、方差和协方差

资产种类	预期收益率$(E(r_i))$%	方差(σ_{ii})	协方差(σ_{ij})
货币性存款	$E(r_1) = 2.3606$	$\sigma_1^2 = 2.0161$	$\sigma_{12} = \sigma_{21} = 2.0429$
短期国债	$E(r_2) = 2.0171$	$\sigma_2^2 = 2.1615$	$\sigma_{13} = \sigma_{31} = 1.6631$
货币市场基金	$E(r_2) = 1.9394$	$\sigma_3^2 = 1.5400$	$\sigma_{23} = \sigma_{32} = 1.7997$

建立欧元资产组合 $X = (x_1, x_2, x_3)$,其中 x_1, x_2, x_3 分别代表货币性存款、短期国债和货币市场基金的投资比例。根据期望收益既

定条件下的风险最小投资组合模型式(5.5)和表5.9中的数据,可建立收益一定、风险最小化的欧元资产结构优化模型如下:

$$\min \sigma_p^2 = x_1^2\sigma_1^2 + x_2^2\sigma_2^2 + x_3^2\sigma_3^2 + 2(x_1x_2\sigma_{12} + x_1x_3\sigma_{13} + x_2x_3\sigma_{23})$$
(5.10)

s.t.
$$\begin{cases} E(r_p) = x_1E(r_1) + x_2E(r_2) + x_3E(r_3) \geqslant \mu \\ x_1 + x_2 + x_3 = 1 \\ x_1 \geqslant 0, x_2 \geqslant 0, x_3 \geqslant 0 \end{cases}$$
(5.11)

在此,我们设定欧元资产组合的期望收益率等于三种资产预期收益率的平均值。即:

$$\mu = \frac{1}{3}[E(r_1) + E(r_2) + E(r_3)]$$
(5.12)

将表5.9中的数据代入上述模型式(5.10)和式(5.11),并运用LINGO 9.0软件进行求解可得:

$$x_1 = 0.3948, \quad x_2 = 0, \quad x_3 = 0.6052$$

所以,在欧元资产组合中,货币性存款、短期国债和货币市场基金的权重分别为39.48%、0和60.52%。

(3) 日元资产结构优化

根据所选取的2003—2012年的十年日元货币性存款、短期国债、短期政府机构债和货币市场基金的半年期收益率数据,通过统计软件EViews 6.0计算分析,得到这三种日元资产的半年期十年平均收益率(在此处分别作为各种资产的预期收益率)、方差和协方差,如表5.11所示:

表 5.11 2003—2012 年三种日元资产的预期收益率、方差和协方差

资产种类	预期收益率($E(r_i)$)%	方差(σ_{ii})	协方差(σ_{ij})
货币性存款	$E(r_1)=0.3635$	$\sigma_1^2=0.0947$	$\sigma_{12}=\sigma_{21}=0.0672$
短期国债	$E(r_2)=0.2161$	$\sigma_2^2=0.0561$	$\sigma_{13}=\sigma_{31}=0.0485$
货币市场基金	$E(r_3)=0.1431$	$\sigma_3^2=0.0281$	$\sigma_{23}=\sigma_{32}=0.0382$

建立日元资产组合 $X=(x_1,x_2,x_3)$，其中 x_1,x_2,x_3 分别代表货币性存款、短期国债和货币市场基金的投资比例。根据期望收益既定条件下的风险最小投资组合模型式（5.5）和表 5.11 中的数据，可建立收益一定、风险最小化的日元资产结构优化模型如下：

$$\min \sigma_p^2 = x_1^2\sigma_1^2 + x_2^2\sigma_2^2 + x_3^2\sigma_3^2 + 2(x_1x_2\sigma_{12} + x_1x_3\sigma_{13} + x_2x_3\sigma_{23}) \tag{5.13}$$

s.t. $\begin{cases} E(r_p) = x_1 E(r_1) + x_2 E(r_2) + x_3 E(r_3) \geqslant \mu \\ x_1 + x_2 + x_3 = 1 \\ x_1 \geqslant 0, x_2 \geqslant 0, x_3 \geqslant 0 \end{cases}$ （5.14）

在此，我们设定日元资产组合的期望收益率等于三种资产预期收益率的平均值。即：

$$\mu = \frac{1}{3}[E(r_1) + E(r_2) + E(r_3)] \tag{5.15}$$

将表 5.11 中的数据代入上述模型式（5.13）和式（5.14），并运用 LINGO 9.0 软件进行求解可得：

$$x_1 = 0.4437, \quad x_2 = 0, \quad x_3 = 0.5563$$

所以，在日元资产组合中，货币性存款、短期国债和货币市场基金的权重分别为 44.37%、0 和 55.63%。

(4) 英镑资产结构优化

根据所选取的2003—2012年的十年英镑货币性存款、短期国债和货币市场基金的半年期收益率数据,通过统计软件 EViews 6.0 计算分析,得到这三种英镑资产的半年期十年平均收益率(在此处分别作为各种资产的预期收益率)、方差和协方差,如表5.12所示:

表 5.12 2003—2012 年三种英镑资产的预期收益率、方差和协方差

资产种类	预期收益率($E(r_i)$)%	方差(σ_{ii})	协方差(σ_{ij})
货币性存款	$E(r_1)=3.4273$	$\sigma_1^2=4.1007$	$\sigma_{12}=\sigma_{21}=4.4185$
短期国债	$E(r_2)=3.1249$	$\sigma_2^2=4.8691$	$\sigma_{13}=\sigma_{31}=4.1030$
货币市场基金	$E(r_3)=2.9731$	$\sigma_3^2=4.2803$	$\sigma_{23}=\sigma_{32}=4.5305$

建立英镑资产组合 $X=(x_1,x_2,x_3)$,其中 x_1,x_2,x_3 分别代表货币性存款、短期国债和货币市场基金的投资比例。根据期望收益既定条件下的风险最小投资组合模型式(5.5)和表5.12中的数据,可建立收益一定、风险最小化的英镑资产结构优化模型如下:

$$\min \sigma_p^2 = x_1^2\sigma_1^2 + x_2^2\sigma_2^2 + x_3^2\sigma_3^2 + 2(x_1x_2\sigma_{12} + x_1x_3\sigma_{13} + x_2x_3\sigma_{23}) \tag{5.16}$$

s.t. $\begin{cases} E(r_p) = x_1E(r_1) + x_2E(r_2) + x_3E(r_3) \geqslant \mu \\ x_1 + x_2 + x_3 = 1 \\ x_1 \geqslant 0, x_2 \geqslant 0, x_3 \geqslant 0 \end{cases}$ (5.17)

在此,我们设定英镑资产组合的期望收益率等于三种资产预期收益率的平均值。即:

$$\mu = \frac{1}{3}[E(r_1) + E(r_2) + E(r_3)] \tag{5.18}$$

将表5.12中的数据代入上述模型式(5.16)和式(5.17),并运用

LINGO 9.0 软件进行求解可得：
$$x_1 = 1, \quad x_2 = 0, \quad x_3 = 0$$

所以，在英镑资产组合中，货币性存款的权重为 1，而短期国债和货币市场基金的权重都为 0。

5.4.4 交易性外汇储备资产结构权重的计算

$X_1 = 0.6720 \times 0.4156 + 0.1308 \times 0.3948$
$\quad + 0.1482 \times 0.4437 + 0.0490 \times 1 = 0.4457$

$X_2 = 0.6720 \times 0 + 0.1308 \times 0 + 0.1482 \times 0 + 0.0490 \times 0 = 0$

$X_3 = 0.6720 \times 0 + 0.1308 \times 0 + 0.1482 \times 0 + 0.0490 \times 0 = 0$

$X_4 = 0.6720 \times 0.5844 + 0.1308 \times 0.6052 + 0.1482 \times 0.5563$
$\quad + 0.0490 \times 0 = 0.5543$

至此，我们已计算出交易性外汇储备的币种结构权重和资产结构权重，为了更简洁清楚地表示二者之间的相互关系，我们用表 5.13 表示如下：

表 5.13 币种结构权重与资产结构权重关系

资产种类	美元 (0.6720)	欧元 (0.1308)	日元 (0.1482)	英镑 (0.0490)	资产权重合计
货币性存款	(0.4156) 0.2793	(0.3948) 0.0516	(0.4437) 0.0658	(1) 0.0490	0.4457
短期国债	0	0	0	0	0
短期政府机构债	0	0	0	0	0
货币市场基金	(0.5844) 0.3927	(0.6052) 0.0792	(0.5563) 0.0824	(0) 0	0.5543
币种权重合计	0.6720	0.1308	0.1482	0.0490	1

第5章 交易性外汇储备资产的多目标优化

由表5.13可知,交易性外汇储备的最优币种结构中,美元、欧元、日元和英镑分别为67.20%、13.08%、14.82%和4.90%,而最优币种结构则是货币性存款和货币市场基金分别为44.57%和55.43%。进一步分析可知,在美元、欧元以及日元准则下的最优资产配置均为货币性存款和货币市场基金,而英镑仅需配置货币性存款,其中,美元、欧元、日元和英镑的货币性存款的权重分别为41.56%、39.48%、44.37%和100%,而美元、欧元、日元的货币市场基金权重分别为58.44%、60.52%和55.63%。在44.57%的货币性存款中,美元、欧元、日元和英镑的占比分别为27.93%、5.16%、6.58%和4.90%,在55.43%的货币市场基金中,美元、欧元、日元的占比分别为39.27%、7.92%和8.24%。这主要是由于各种货币性金融资产具有很多共同属性,相互间的替代性也较为明显。选择货币性存款作为交易性外汇储备资产体现了它在几种货币市场工具中流动性最强、安全性也最高的特征,因此符合交易性外汇储备资产主要用于满足日常交易和维护金融安全的最基本需求,而货币市场基金由于本身就是一个各种货币市场工具的资产组合,并且具有可开具支票、代替现金支付的特点,将其作为交易性外汇储备资产的重要持有形式,在很大程度上满足了交易性外汇储备资产的短期投资需求。同时,由于短期国债和短期政府机构债券也是构成货币市场基金的重要组成部分,在资产组合中选择货币市场基金在某种程度上已经包括了短期国债和短期机构政府债券,因此在交易性外汇储备资产优化配置中只配置货币性存款和货币市场基金两类资产是符合要求的。

根据表5.13中交易性外汇储备币种权重和资产权重的计算结

果,我们结合历年外汇储备规模估计出各年度币种下各资产的具体规模,以及各资产下各币种的具体规模。由于外汇储备的需求主要由交易需求、预防需求、保证需求和投机需求构成,但在我国持有高额外汇储备并且不断缩水的背景下,并不存在外汇储备的投机需求,因此外汇储备的最优规模主要由前三种需求构成(周光友、罗素梅,2011)。而这种最优规模与本书的交易性外汇储备资产规模基本一致,因此,我们引用这个最优规模来代替交易性外汇储备资产的需求规模,并选择2007—2011年的最优规模数据,结合上文币种和资产权重的测算结果,可得到近五年我国交易性外汇储备资产的最优资产结构(如表5.14所示)。[①]

计算结果表明,2011年,我国交易性外汇储备资产应持有货币性存款总计3 056.39亿美元,其中,美元、欧元、日元和英镑分别为1 915.30亿美元、353.85亿美元、451.22亿美元和336.02亿美元;而应持有货币市场基金总计3 801.11亿美元,其中,美元、欧元和日元分别为2 692.94亿美元、543.11亿美元和565.06亿美元。可见,通过引入近五年的交易性外汇储备数据,结合前文的币种结构和资产结构的估计结果,不仅可以获得交易性外汇储备的币种权重和资产权重,而且还可以测算出各结构下的具体资产持有规模。因此,在实现币种结构和资产结构有机结合的基础上,实现了真正意义上的交易性外汇储备资产优化配置,从而使研究结果更具操作性。

---

① 由于本书引用的《外汇储备最优规模的动态决定》一文中最优规模的数据只到2009年,在此我们根据2010年、2011两年的外汇储备相关数据,用相同的方法进一步测算得到2010年、2011两年的最优规模。

第 5 章 交易性外汇储备资产的多目标优化

表 5.14 外汇储备资产的优化配置

(单位:亿美元)

年度	交易性规模	货币性存款(44.57%)				货币市场基金(55.43%)			
		美元(27.93%)	欧元(5.16%)	日元(6.58%)	英镑(4.9%)	总计	美元(39.27%)	欧元(7.92%)	日元(8.24%)	英镑(0)	总计
2007	3 947.95	1 102.66	203.71	259.78	193.45	1 759.60	1 550.36	312.68	325.31	0.00	2 188.35
2008	4 559.44	1 273.45	235.27	300.01	223.41	2 032.14	1 790.49	361.11	375.70	0.00	2 527.30
2009	4 686.8	1 309.02	241.84	308.39	229.65	2 088.91	1 840.51	371.19	386.19	0.00	2 597.89
2010	5 778.09	1 613.82	298.15	380.20	283.13	2 575.29	2 269.06	457.62	476.11	0.00	3 202.80
2011	6 857.5	1 915.30	353.85	451.22	336.02	3 056.39	2 692.94	543.11	565.06	0.00	3 801.11

5.5 本章总结

本章以多层次需求为视角,尝试性地将 AHP 模型以及 MV 模型引入交易性外汇储备资产优化配置的分析框架。首先,在对外汇储备资产进行多层次划分的基础上,构建了交易性外汇储备最优币种结构决定模型,并估计出最优币种权重;其次,建立了交易性外汇储备资产结构优化的 AHP 模型,并利用 MV 模型求解出最优资产结构权重,从而实现了币种结构选择和资产结构优化的有机结合;最后,引入外汇储备规模的实际数据,测算出近五年我国交易性外汇储备最优币种结构下各资产的具体规模,以及最优资产结构下各币种的具体持有数量。研究结果表明:

(1) 可将一国的外汇储备需求划分为交易性外汇储备需求和投资营利性外汇储备需求,其中交易性外汇储备需求又可划分为商品交易需求和金融交易需求两个层次,并且商品交易需求取决于对外贸易需求,而金融交易需求则由外债支付需求、FDI 支付需求、预防性审慎需求以及汇率稳定需求共同决定。可见,交易性外汇储备资产具有功能演变和多层次需求的特征,因此,在对交易性外汇储备资产进行管理时,应根据其功能、管理目标和原则分门别类地进行管理。

(2) 交易性外汇储备资产最优币种结构的决定因素是进口贸易、外债支付、外商直接投资、汇率稳定以及预防性审慎动机。采用大量国内外实际数据的估计结果表明,交易性外汇储备资产的最优

第5章 交易性外汇储备资产的多目标优化

币种权重分别为美元 67.20%,欧元 13.08%,日元 14.82%,英镑 4.90%。可见,在我国交易性外汇储备资产币种结构中,美元具有举足轻重的地位,这说明我国目前的最优持币结构还应采取以美元为主,欧元、日元为辅,英镑作为补充的持币策略。

(3) 尝试性地将层次分析模型(AHP 模型)引入外汇储备资产优化配置的分析,并运用均值—方差模型(MV 模型)求解 AHP 模型,两种模型的有机结合,不仅克服了各自的缺陷,而且更好地突出了它们的优点。资产结构优化结果表明,在各币种准则下,美元、欧元和日元的最优资产配置应持有货币性存款和货币市场基金两种金融资产,而英镑只需配置货币性存款。资产结构权重的最终测算结果显示,货币性存款和货币市场基金两类资产的比例分别为 44.57% 和 55.43%,这充分说明这两大类金融资产应该成为当前我国交易性外汇储备资产持有的主要形式。因此,在交易性外汇储备资产优化配置中,既要对储备资产进行分散化,又不宜过度分散化。

(4) 根据本书估计的币种结构和资产结构权重,并结合我国 2007—2011 年外汇储备实际规模的相关数据,测算出历年各币种结构下各资产的具体规模和各资产结构下各币种的具体规模,实现了规模和结构管理相结合,币种结构和资产结构相结合的交易性外汇储备资产优化配置。因此,利用本书的估计方法结合相应的外汇储备规模,不仅可以获得交易性外汇储备的币种权重和资产权重,而且还可以测算出各结构下的具体资产持有规模,从而为外汇储备管理部门提供明确可靠的参考依据。

第6章 投资性外汇储备资产的多目标优化

6.1 引　　言

随着近年来国际金融危机的频繁发生,传染力逐步增强,对金融安全的冲击也越来越大,外汇储备在维护国家金融安全方面功不可没,它所发挥的特殊作用已被大多数国家所认识。同时,外汇储备功能也从原来的主要满足交易性需求演变为主要满足金融安全和国家利益(包括国家战略利益和国家经济利益)需求,因此对外汇储备的管理也提出了更高的新要求。

当前,我国正处于新一轮经济转型期,随着国家"一带一路"战略的实施,金砖国家开发银行(金开行)和亚洲基础设施投资银行(亚投行)的成立,为外汇储备的运用开拓了新途径,从而也为外汇储备的管理提供了新思路。外汇储备作为国家重要的金融资产,如何在保证外汇储备基本需求的同时,充分发挥其维护金融安全和国家利益的特殊作用,科学合理地对外汇储备进行动态优化管理,提高外汇储备使用效率,并主动对接国家"一带一路"、支持企业"走出去"和人民

第6章 投资性外汇储备资产的多目标优化

币国际化等国家战略,最终达到外汇储备保值增值和实现国家利益目标就显得非常重要。因此,在我国经济新常态下,研究外汇储备的使用与金融安全、国家利益的关系是一个全新的视角,也是外汇储备管理的新尝试。本书旨在探寻外汇储备管理与金融安全和国家利益的内在联系,使外汇储备在维护金融安全和实现国家利益的同时提高自身的使用效率,所以研究此问题具有重要的理论与现实意义。

6.1.1 外汇储备币种结构选择

在国外币种结构选择的研究方面,最有代表性的主要有风险分散理论、海勒奈特模型和杜利模型三种。

此后,Roger(1993)的研究发现,外汇储备货币结构变化主要与外汇市场公开市场干预有关,而不是资产组合的结果。Hatase和Ohnuki(2009)构筑了一个既同传统文献一致又反映了新近理论进展的模型,结果显示贸易规模和外债币种结构是决定外储币种结构的主要因素。Pietro Cova et al.(2016)研究了外汇储备多元化和"过度特权"对全球宏观经济的影响。

与此同时,国内学者在外汇储备币种结构优化研究方面也作了一些有益的尝试。盛柳刚和赵洪岩(2007)估计了2000—2006年我国外汇储备的收益率、币种结构和2003年后流入我国的热钱数量。张斌、王勋(2012)通过计算我国外汇储备的名义收益率和真实收益率分析外汇储备的资产结构风险。周光友和赵思洁(2014)对外汇储备币种结构进行了优化。宫健等(2017)认为,影响外汇储备增速的诸宏观变量中,实际有效汇率对外汇储备增速的影响体现出显著的非对称与非线性特征,从而影响外汇储备的规模和结构。

6.1.2 外汇储备资产配置与投资组合

在外汇储备资产配置与投资组合的研究方面,Lyons(2007)认为,新兴经济体或资源出口国积累高额外汇储备,并以主权财富基金的形式在全球范围内投资是国家资本主义在全球的延伸,其目的是为了发展的稳定和本国经济的安全,将外汇储备在全球范围内进行战略配置,控制与本国经济命脉息息相关的战略物资、重点企业、关键技术等,以免因国际经济政治形势变化给本国带来冲击,从而积极谋求在国际竞争中的主动性。Aizenman 和 Glick(2009)认为,由于政府财政部门是主权财富基金的所有人,作为国民财富的代理机构,对主权财富基金的投资应遵循效用最大化原则,而外汇储备资产也应在风险相对较高的国外资产中进行分散化配置。Knill *et al.*(2011)在检验主权财富基金投资中双边政治关系作用的基础上,认为主权财富基金的投资决策至少部分地来自非金融动机。Gonçalo Pina(2017)研究了外汇储备和全球利率之间的关系。

何帆和张明(2006)认为,我国应该进行外汇储备的资产调整,降低投资于美国国债的比率,提高投资于美国股权、美国机构债、企业债以及黄金的比率。谢平和陈超(2009)的研究发现,主权财富基金的投资大量转向风险资产,从美元资产转向非美元资产,从组合投资向战略投资转变,同时强化战术资产配置策略寻找短期趋势的预期超额回报。陈克宁和陈彬(2011)认为,主权财富基金的透明度会影响外汇储备的资产配置效率。刘澜飚和张靖佳(2012)通过刻画我国外汇储备对外投资的"循环路径",构建了包括央行、金融市场和实体经济的斯塔克尔伯格和古诺模型,进而模拟出我国外汇储备对外投

第6章 投资性外汇储备资产的多目标优化

资对本国经济的间接贡献、合意的外汇储备投资组合,以及最优外汇储备投资规模。罗素梅等(2015)对我国超额外汇储备资产进行了多目标优化配置研究,认为对超额外汇储备资产进行优化配置时应实行"积极型"投资管理策略,将其投资于"长期性、战略性、高回报"的金融资产或其他资产,以实现经济利益和战略利益的最大化。曾燕和黄金波(2016)基于均值—AS模型研究了正态分布和一般分布下的资产配置问题。

6.1.3 安全第一准则

Markowitz(1952)的均值—方差分析思想奠定了现代证券投资组合理论的基础,但由于风险度量和静态分析的局限性,后续的许多学者试图将Markowitz标准模型扩展成动态模型以及选用更为合理的风险度量。但由于风险的不可加性限制了动态规划算法的使用,Chen(1971)也指出求解多阶段均值—方差模型是十分困难的事情。针对方差风险度量的这些局限性,近年来提出了许多与以往不同的风险度量方法,如绝对偏差、半方差、安全第一准则、VaR、CVaR等方法。其中,Roy(1952)的安全第一准则理论对风险的概念却有截然不同的描述,并首创了安全第一准则概念,他认为投资者在作投资决策时,首要考虑的是避免某种"灾难"状况的发生。因而,投资者会从这个考虑出发进行资产配置,目标是让这种状况发生的概率降到最小。Roy的安全第一准则具有深远的影响。Pyle et al.(1970)总结了安全第一准则的三种形式。Li et al.(1998)将Roy的安全第一准则模型推广到多期的情形,并给出投资组合的解析最优解。Chiu 和 Li(2009)则将Roy的安全第一准则概念拓展到资产负债管理领域,分析综合考虑资产和负债端的安全性时的最优资产组合。

易江和李楚霖(2001)给出了安全第一准则多期投资组合问题的一种计算方法。李仲飞和姚京(2004)考虑了B—S型金融市场中,基于安全第一准则的,连续时间情况下的动态投资组合决策。王秀国和周荣喜(2010)则综合讨论了连续时间以及安全第一准则三种形式要求下最优的投资组合策略。鲁万波等(2017)根据我国保险业保险投资各方面的法律法规对经典安全第一准则进行改进,实证模拟并计算了对应破产水平下的投资组合和有限边界。

综上所述,已有的相关研究在多个方面有了突破,并取得了很多有价值的成果,也是本书研究的重要基础,但从金融安全和国家利益角度研究外汇储备优化管理的文献鲜见。事实上,外汇储备作为国家金融资产,其使用也应主要为国家服务。因此,已有研究还存在一些不足:

(1)已有研究大多集中在对外汇储备适度规模的测度、币种结构的选择以及资产优化配置上,并主要关注外汇储备规模的大小对经济金融的影响,币种持有结构对外汇储备收益的影响以及如何通过资产优化配置实现外汇储备的收益最大化等方面,而很少从外汇储备作为国家金融资产的角度考虑,将外汇储备用于实现国家战略。

(2)已有研究也没有充分认识到外汇储备在维护金融安全和国家利益中的重要作用,而这是外汇储备功能演变的趋势。因此,基于金融安全和国家利益的外汇储备动态优化还有待于进一步深入研究。

(3)安全第一准则的相关文献集中于应用和拓展,主要用来分析资本市场投资的下行风险,并衍生出VaR概念。主要研究方式为模型构建和定性分析,实证分析鲜见。安全第一准则对投资人的隐形前提设定与外汇储备管理当局的投资目标高度一致,而以往文献并没有揭示两者之间的天然联系。

第 6 章 投资性外汇储备资产的多目标优化

为此,本书以外汇储备实现国家金融安全与战略利益为目标,首先引入外汇储备需求理论,将外汇储备划分为交易性需求、预防性需求、保证性需求和投资性需求等层次,进而将外汇储备分为金融安全储备和国家利益储备两大部分。其次,尝试性地引入安全第一准则,构建基于金融安全的外汇储备最优化配置模型。最后,在安全性约束下对模型进行最优化求解,得出外汇储备的金融安全规模和国家利益规模。同时揭示外汇储备与金融安全和国家利益之间的相互关系和内在逻辑,旨在为我国外汇储备管理提供新思路。

本章的创新主要体现在:

(1) 研究视角新颖,首次从金融安全和国家利益的视角研究外汇储备的优化管理问题,并试图回答外汇储备与金融安全和国家利益之间的关系。

(2) 提出了外汇储备规模划分的新思路,将外汇储备规模划分为金融安全规模和国家利益规模,在一定程度上克服了已有研究将外汇储备划分为适度和超额规模的不足。

(3) 尝试性地将安全第一准则引入外汇储备管理的分析框架,构建了基于安全第一的外汇储备最优化模型,并求解出外汇储备的金融安全规模和国家利益规模,为外汇储备管理提供了新思路。

6.2 外汇储备的多层次需求与功能演变

本书认为,一国对外汇储备的需求可分为刚性需求和弹性需求、直接需求和间接需求、主动需求和被动需求等几种类型。但无论是哪种需求,其目的都是实现一国的金融安全和国家利益。在此,本书从金融安全和国家利益的角度来分析外汇储备的多层次需求。

6.2.1 外汇储备的多层次需求分析

我们把一国的外汇储备需求看作是该国对其他国家货币的需求,因此可引用货币需求理论来分析一国的外汇储备需求。在此,本书参考周光友和罗素梅(2011)的划分方法,结合我国现阶段的实际情况,把外汇储备需求分为交易性需求、预防性需求、保证性需求和投资性需求。

1. 交易性需求

它主要包括维持正常进口支付、FDI利润回流、外债本息偿付(短期内到期外债)、居民用汇等需求。随着我国经济的发展,我国居民可支配收入大幅增长,由此产生了对进口商品日益增长的需求,对进口支付流动性提出了更高的要求。长期以来,我国一直是外商投资的乐土。稳定的政治环境和高速发展的经济使得我国仍然是备受外商投资青睐的国家。因此,我们可以预计FDI利润回流需求在未来几年将保持一个相对稳定的增速。同时,我国外债规模也随之扩大,尤其是短期外债上升速度加快。外债的这些变化趋势增加了我国外债还本付息的压力,这就要求有充足的外汇储备来满足这些需求。

2. 预防性需求

如果说交易性需求更侧重流动性的话,预防性需求则侧重安全性,它要求一国外汇储备持有水平必须能保证一定时间内的外债偿付,不至于发生主权违约。这主要体现在以下几个层面:一是一国持有的外汇储备水平最低必须足以支付下一年将到期支付的外债总

第6章 投资性外汇储备资产的多目标优化

量。二是一国政府持有外汇储备主要出于审慎性动机,并且预防性审慎动机是中央银行持有国际储备的主要原因。三是一国大量积累外汇储备主要用以防止国家由于国际资本市场的波动而遭受金融危机。四是对于采用有管理的浮动汇率制的国家,特别是当其同时拥有一个脆弱的银行体系和大规模的货币错配时,积累外汇储备到一定程度有助于避免金融动荡。因此,外汇储备的预防性需求是非常重要的。

3. 保证性需求

如果说预防性需求是从实质上降低一国受国际金融环境的传导而发生金融危机的风险,那么保证性需求则更多是增强国内和国际社会对一国经济和金融实力的信心,以及对国家外汇体系稳定和信用偿付的保证。保证性需求从这个意义上来看并非为核心储备所需要,但在经济金融全球化和资本高度流动的背景下,保证性需求的满足对于震慑潜在的外汇制度攻击是很有效的。例如,我国香港在遭遇货币狙击时,由于我国有庞大的外汇储备作后备支持,最终狙击失败。国际货币投机者在考虑货币狙击对象时,外汇储备存量的重要性就突显出来。因此,若保证性需求不能得到满足,也会给一国造成极大的风险,本书将其纳入灾难性水平C的考量之中。

4. 投资性需求

这部分需求可以看成是因被动持有的多余外汇储备而产生的增值需求,本书将其视为实现国家利益的需求,即主要用于满足战略利益需求和经济利益需求。

6.2.2 金融安全和国家利益需求

根据上述分析,我们又在上述外汇储备划分层次的基础上把这些需求归类为商品交易需求、金融交易需求、战略利益需求以及经济利益需求等不同层次。其中,将商品交易需求和金融交易需求视为满足一国日常需要的外汇储备需求,它是一种"刚性"需求,并将其视为维护一国金融安全的外汇储备需求,所以把这部分储备称为金融安全储备。同理,将战略利益需求和经济利益需求都视为"投资性"需求,并将其视为实现一国国家利益的外汇储备需求,所以把这部分储备称为国家利益储备。我们可用图 6.1 更清楚直观地表示外汇储备各需求层次之间的关系。

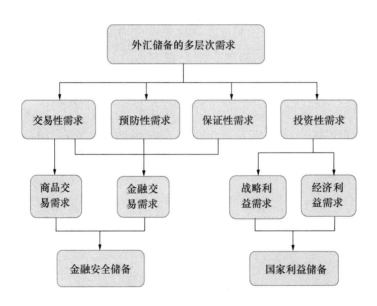

图 6.1 外汇储备的多层次需求

第6章 投资性外汇储备资产的多目标优化

在此,金融安全需求是指满足商品交易需求和金融交易需求的外汇储备总和,具体包括满足交易性需求、预防性需求和保证性需求的外汇储备。本书认为,如果一国外汇储备能满足该国的国际商品交易和国际金融交易的用汇需求,那么发生金融危机的可能性很小,该国金融安全基本是有保证的。而国家利益需求是指满足金融安全需求后的外汇储备需求,包括实现国家战略利益和国家经济利益的外汇储备投资需求,具体包括战略性投资和收益性投资两部分需求。

同时,随着外汇储备功能的演变,外汇储备在维护一国金融安全和国家利益方面的作用已经被越来越多的国家所认识,金融安全和国家利益的内涵也进一步延伸。可将金融安全界定为狭义的金融安全和广义的金融安全。其中,狭义的金融安全是指外汇储备主要用于满足一国的预防性需求和保证性需求,并不包括商品交易需求,而广义的金融安全指的是外汇储备同时满足商品交易需求和金融交易需求。同时,狭义的国家利益是指将外汇储备用于满足投资性需求时,只满足一国的经济利益需求,比如投资国际金融市场、房地产市场和进行另类投资以获得经济收益。而广义的国家利益是指外汇储备除了实现一国的经济利益外,还应充分发挥其国家金融资产的优势,实现国家的战略利益,比如支持我国企业走出去,对接国家的"一带一路"战略,实现国家长期的战略利益。因此,广义的国家利益应包括国家战略利益和国家经济利益两部分。本书接下来的分析都是基于广义的金融安全和广义的国家利益展开的。

综上所述,本书把外汇储备划分为金融安全储备和国家利益储备,其中,金融安全储备主要由中央银行进行运作和管理。而国家利益储备又可以划分为战略利益储备和经济利益储备两类,并可根据各类储备的管理目标成立各种主权财富基金(如丝路基金、储蓄基金、战略发展基金等)进行相应的投资管理。本书重点研究的内容是在外汇储备多层次需求分析的基础上,尝试性地引入安全第一准则理论,构建基于安全第一的外汇储备最优化配置模型。根据维护金融安全需求的储备中各部分储备的实际需求,反向测算出我国金融安全储备和国家利益储备的比例,并初步提出国家利益储备的投资管理方向。

6.2.3 外汇储备的功能演变

外汇储备的功能演变主要分为以下几个阶段:20世纪60年代初,国际经济交往主要以进出口贸易为主,外汇储备的功能相对单一,主要用于满足进口的需求。20世纪60年代后半期,由于国际经济交往日益频繁,影响外汇储备的因素也越来越多,其功能也由单一功能向多功能演变。20世纪60年代以后,外汇储备强调持有国的成本和收益,其功能主要表现在调节国际收支以及增强一国调节国际收支逆差的能力上。20世纪80年代后,外汇储备主要用于吸收和减弱一国对外交易中产生的波动,因此,一国外汇储备的功能主要是应对该国外汇收支的波动。进入20世纪90年代,金融危机、债务危机以及货币危机的频发引起世界各国的广泛重视,一国持有外汇储备的动机正在从原来的主要出于非对外交易动机转变为预防性审慎动机,外汇储备也主要是用于应对金融危机、债务危机以及货币危机,因此,对外汇储备的管理也提出了更高的要求。

第 6 章　投资性外汇储备资产的多目标优化

6.3　理 论 模 型

6.3.1　模型设计

目前,理论界关于外汇储备结构优化的研究主要采用资产组合理论 MV 模型,在考虑中央银行特殊需要的各种约束条件下,以组合方差最小和预期收入最大作为组合目标来计算最优的外汇储备构成。但 MV 模型侧重收益—风险和均值—方差分析,没有充分考虑外汇储备的安全性和流动性因素,其中,安全性应该是最重要的考虑因素。预期收益的大小考虑的是投资者的心理满足程度,而在外汇储备这一特殊资产投资管理方面,管理者首要关注的应该是如何使储备水平低于警戒值的概率最小,其次才考虑收益。Ben-Bassat 和 Gottlieb(1992)的模型考虑了一国耗尽外汇储备,发生主权违约会导致的经济混乱和失败后果。应用于外汇储备管理中,管理当局最希望的是避免可能的经济混乱和失败,可以想象其直接和显性的社会成本是巨大的,更不必说由此造成的长远和隐性的负面影响,是没办法对后果进行准确估计的。因此将安全第一准则应用于外汇储备管理中,可以让管理当局从可能的经济损失计算中解脱出来,集中于如何避免灾难状况的发生。为此,本书在外汇储备多层次需求分析的基础上,尝试性地将安全第一准则投资理论引入外汇储备管理中,构建基于安全第一的外汇储备最优化配置模型。

根据 Roy(1952)首次提出的概念,安全第一准则可表达为:

$$\text{Min} \Pr(W_1 < C) \tag{6.1}$$

其中,W_1 为考察期终端财富或回报水平,C 为灾难性水平。其后,Kataoka(1963)推导出安全第一准则的另一个表达式,在数学上可表达为:

$$\text{Max} C \quad \text{subject to}$$

$$\Pr(W_1 < C) \leqslant \alpha \tag{6.2}$$

其中,α 取决于投资者对灾难发生概率的承受度。Telser(1955)基于无风险资产的存在可能消除最小化灾难发生概率的假设,提出了结合最大化预期收益的安全第一准则概念,即:

$$\text{Max} \mu \quad \text{subject to}$$

$$\Pr(W_1 < C) \leqslant \alpha \tag{6.3}$$

安全第一准则的上述三种表达方式并无本质上的不同,它们的出发点都是将保证灾难性状况发生的概率尽可能小作为前提,只是每种表达方式对于灾难发生概率的容忍度不一。第一种方式可称为最小化 α 安全第一准则,致力于最小化灾难性状况的发生,是安全第一准则最直观,也是最严格的表现形式。在无风险资产存在的情况下,有可能出现这样一种结果:将组合全部配置为无风险资产的回报大于灾难性水平时,该安全第一准则表达形式显示组合最优配置是 100% 的无风险资产。该表达形式的优点是能严格保证"安全性",缺点是当上述情况出现时,最小化 α 并不能使组合实现最优化。而以我国目前庞大的外汇储备规模来看,我们可以相信,若将其全部配置成无风险资产,其收益也会大于外汇储备需要。但这并不意味着我们就应该任由外汇储备坐享其成,忽视其巨大的增值潜力。第二种方式可称为最大化 C 安全第一准则,相对于最小化 α 准则给定 C 最

第6章 投资性外汇储备资产的多目标优化

小化灾难发生概率,这种表达方式给定灾难发生一定的容忍度,在给定风险承受水平下(例如1%的发生概率限制下)最大化灾难性回报水平。该表达方式的进步之处在于对灾难发生概率这一条件限制的适当放松,使得我们能将安全性与其他目标结合起来。第三种表达方式可称为最大化 μ 安全第一准则,给定 C 和 α,在保证灾难发生概率小于容忍度 α 的条件下,最大化预期收益。该表达方式兼顾安全性与收益性,是本书理想的安全第一准则表达模型。存在的问题是,当 C 和 α 给定时,可能不存在组合配置能使灾难发生概率小于容忍度 α,这个问题是前两种表达方式中不存在的。基于我国外汇储备规模巨大,应该足以避免这一问题,因此本书选择第三种表达式作为安全第一准则的表现形式。

1. 灾难性水平 C 的定义

外汇储备的需求具有多层次性,最基本的层次是满足进出口贸易支付、短期外债偿付和资本流动需要。此外还必须维持足够的规模来保证国家金融安全、在当前汇率制度下维护汇率相对稳定、偿付长期外债、充当经济实力信号等功能。根据模型的定义,C 应该是满足这些基本功能的外汇储备水平,直接受进出口规模、外债规模、汇率制度、经济发展水平和金融稳定性等因素影响。一旦外汇储备规模小于 C 就不能满足基本需求,将导致外汇市场的动荡,进而危及国内经济和金融稳定。而这正是我们要极力避免的状况。安全性始终是外汇储备管理的第一原则,因此在谋求外汇储备增值的同时,灾难性水平 C 的限制约束至关重要。C 按意义来说应为充分性水平,当外汇储备水平不够充分时,首先是无法满足保证性需求,降低对国家金融稳定的信心。储备水平太低,则会无法满足预防性需求,从而在实质上增加发生金融和经济危机的风险;当低于金融安全储备水平时,则会造成外汇体系的运转问题,出现偿付性危机,对一国的国际信誉造成严重打击。灾难性水平无法精确估计,但我们可以根据过往研究来估算其大概范围。本书选用 Jeanne 和 Ranciere(2008)的充分性标准,即当储备水平为 GDP 的 8%—9% 时,外汇储备规模是充分的。

2. 置信水平 α 的选择

α 的大小是相对的,但一般而言应该是个极小值。为了达到避免灾难性状况的目的,小于 5% 在统计学意义上来说才足够小。后文将会分析,当 α 发生变化时,即对灾难性状况发生概率的容忍度发生变化时,可能会造成的最优配置的变化以及对外汇储备整体收益和风险的影响。

6.3.2 模型推导

X_{ij} 为分配在第 i 种货币计值的 j 类资产上的外汇储备资金,x_{ij} 为该类资产上配置的资金比重,$x_{ij} = X_{ij} \big/ \sum_{}^{n} X_{ij}$,$i = 0,1,\cdots,n$,表示各货币种类,其中设定 0 代表美元计值资产。$j = 0,1,\cdots,m$,表示各资产种类,其中设定 0 代表长期国债以及类似风险和收益的低风险资产。其他为相对高风险高收益资产。r_{ij} 为各资产收益率,假设其近似服从均值是 R_{ij}、方差是 σ_{ij}^{2} 的正态分布(本书因模型推导的复杂性和目标模型模拟求解上的困难,所以假设各资产收益率近似地服从正态分布)。收益率期望列向量记为 R,协方差矩阵记为 Ω。

本书假设外汇当局决定最优配置比重时采取阶段决策:根据安

第6章 投资性外汇储备资产的多目标优化

全第一准则下的效用最大化原则,外汇管理当局决定外汇储备中金融安全储备的比重,将金融安全储备之外的部分托管给主权财富基金等市场化机构进行管理。托管基金在给定外汇储备托管规模下谋求最大化收益。安全第一准则要求总的外汇储备小于给定 C 的概率小于置信水平 α,同时金融安全储备规模也有底线约束,保证外汇支付系统的流动性。即:

$$\max U = E(W_1) = E(W_{1s} + W_{1r} + \Delta W)$$
$$= E(W_{0s}(1+r_s) + W_{0r}(1+r_p) + \Delta W)$$
$$= E(W_0(1+r_w) + \Delta W) \quad (6.4)$$

Subject to:

$$\Pr(W_1 < C) \leqslant \alpha \quad (6.5)$$

$$W_{0s} \geqslant C_s \quad (6.6)$$

其中,$W_{0s} = sW_0$,$W_{0r} = (1-s)W_0$,则 $r_w = sr_s + (1-s)r_p$。

一是在给定外汇储备管理规模 W_{0r} 的前提下,托管基金根据以下原则选择有效边界:

$$\max E(W_{1r}) = E(W_{0r}(1+r_p)) = \sum_{i=0\cdots n}\sum_{j=1\cdots m} X_{ij}(1+r_{ij})$$
$$= W_{0r}\Big(1 + \sum_{i=0\cdots n}\sum_{j=1\cdots m} x_{ij}(1+r_{ij})\Big) \quad (6.7)$$

$$\min \operatorname{var}(w_{1r})$$

Subject to:

$$\sum_{i=0}^{n}\sum_{j=1}^{m} X_{ij} = W_{0r} \quad (6.8)$$

在第一阶段,W_{0r} 为既定值,该最大化问题相当于:

$$\max \mu = E(r_p) = \sum_{i=0}^{n}\sum_{j=1}^{m} x_{ij} r_{ij} \quad (6.9)$$

$$\min \sigma^2 = \mathrm{var}(r_p) \tag{6.10}$$

Subject to:

$$\sum_{i=0}^{n}\sum_{j=1}^{m} x_{ij} = 1 \tag{6.11}$$

即马科维茨的均值—方差组合模型求解,据此求得有效边界:

$$\mu = \sqrt{d * \sigma^2 - d/c} + a/c \tag{6.12}$$

其中,a,b,c,d 均为常量:$a = I^T \Omega^{-1} R$,$b = R^T \Omega^1 R$,$c = I^T \Omega^{-1} I$,$d = bc - a^2 > 0$。

代入原方程得到:

$$E(W_{1r}) = W_{0r} * (1 + a/c) + \sqrt{d * \sigma^2(W_{1r}) - W_{0r}^2 * d/c} \tag{6.13}$$

二是根据进口和支付外债稳定货币比重配置金融安全储备 W_{0s}:

$$W_{0s} = \sum_{i=0}^{n}\sum_{j=0} X_{ij} \tag{6.14}$$

因为金融安全储备 W_{0s} 主要是为了满足进出口外汇支付和短期外债偿付的需要,需保持高度的流动性,因此该部分储备主要以货币性存款等货币类资产形式存在,在本模型中,假设 $j=0$,为该资产类别。金融安全储备中各国货币比重按进出口贸易比重以及外债货币比重进行配置。目前,对于美元、欧元、日元和英镑这四种国际自由兑换货币,由于我国与英国的进出口贸易往来额度较小,因此主要考虑美元、欧元和日元三种货币资产。

根据国际金融市场近年的实际情况及动向,我们可初步假定我国的金融安全储备面临的汇率风险较小。由于美联储已经结束量化宽松政策并开启了加息周期,基于政策转向和市场预期,美元逐渐走强。而我国持有的金融安全储备被定义为货币性外汇资产,其中,美

第6章 投资性外汇储备资产的多目标优化

元资产占比较高。由于货币类资产的风险主要为汇率风险,在考察期内随着美元贬值趋势的扭转,我国外汇储备尤其是金融安全储备面临的汇率风险会进一步降低。同时,金融安全储备中的资产均为短期流动性资产,不断被消耗和补充。虽然汇率更新频繁,但中央银行可以通过掉期等协议规避汇率风险,因此,我们可以合理假设构成金融安全储备的货币类资产为无风险或低风险资产,则 r_s 可视为常量。

三是根据效用最大化和安全第一准则选择合适的金融安全储备和国家利益储备比重,该最大化问题可转化为:

$$\max E(r_w) = s * r_s + (1-s) * E(r_p) \tag{6.15}$$

Subject to:

$$\Pr(W_1 < C) \leqslant \alpha \tag{6.16}$$

$$s \geqslant C_s / W_0 \tag{6.17}$$

接下来需要求解最优 s 和有效边界上的最优点。

6.3.3 模型拓展

1. 拓展至多期的基本模型

假设市场上存在 $n+1$ 种资产,所有资产都可在投资期 $[0,T]$ 内连续交易,其中无风险资产为 0,其余为风险资产,它们的价格变动过程分别服从微分方程:

$$\mathrm{d}p_0(t) = p_0(t) r(t) \mathrm{d}t, \quad p_0(0) = p_0 \tag{6.18}$$

$$\mathrm{d}p_i(t) = p_i(t) \Big[b_i(t) \mathrm{d}t + \sum_{j=1}^{n} \sigma_{ij}(t) \mathrm{d}B_j(t) \Big],$$
$$p_i(0) = p_i, \quad i = 1, \cdots, n \tag{6.19}$$

其中,$r(t) > 0$ 为无风险资产的收益率,$b_i(t) > r(t)$ 为资产 i 的瞬时期望收益率(漂移项),$\sigma_{ij}(t)$ 为资产 i 的瞬时标准差(扩散项)。$B_t =$

$(B_1 B_t = (B_1(t), \cdots, B_n(t))^T)$ 为定义在概率空间 (Ω, F, P) 上的 n 维标准布朗运动。假定 $t \in [0, T]$，$\sigma_t = (\sigma_{ij}(t))_{n \times n}$ 可逆，从而市场是完全的。令

$$r_t = r(t), \quad b_t = (b_1(t), \cdots, b_n(t))^T, \quad e = (1, \cdots, 1)^T$$
（6.20）

我们仍假定投资者的初始财富为 W_0，设 $x_t = (x_1(t), \cdots, x_n(t))^T$ 为时刻 t 投资于风险资产的比例，则投资于无风险或低风险资产的比例为 $\rho - x_t^T e$。如果对任意 $t \in [0, T]$，则财富过程 W_t 满足：

$$dW_t = W_t \{(x_t^T(b_t - r_t e) + r_t) dt + x_t^T \sigma dB_t\} \quad (6.21)$$

2. 基于安全第一准则的多期动态投资组合模型

针对本书所选择的安全第一准则的第三种表达方式（即最大化 μ 安全第一准则），就是给定 C 和 α，在保证灾难发生概率小于容忍度 α 的条件下，最大化预期收益。这一准则也可以进一步表述为：财富 W_T 小于给定灾难性水平 C 的概率小于 α 的情况下，追求期望终端财富最大化，即：

$$\max E(w_T), \quad \text{Subject to: } \Pr(W_T < C) \leqslant \alpha \quad (6.22)$$

这样，本书构建的基于安全第一的外汇储备资产最优化配置模型就可以拓展为安全第一准则下的多期动态投资组合模型。

记

$$\xi_t = x_t^T(b_t - r_t e) + r_t, \quad \delta_t = x_t^T \sigma_t,$$

$$k = \ln \frac{c}{w_0} - \int_0^t r_t d_t \quad (6.23)$$

令 $Y_t = \ln W_t$，则易证

$$Y_T \sim N(m, s^2)$$

其中，

第6章 投资性外汇储备资产的多目标优化

$$m_0 = Y_0 + \left(\xi_t - \frac{1}{2}\|\delta_t\|^2\right)d_t, \quad s = \sqrt{\int_0^T \|\delta_t\|^2 d_t},$$

$Y_0 = \ln W_0$，$\Phi(\cdot)$ 为标准正态分布函数。

假定 C 满足：如果 $\|\theta\|_T > |C_a|$，$(\|\theta\|_T + C_a)^2 - 2k \geqslant 0$；如果 $\|\theta\|_T \leqslant |C_a|$，$k \leqslant 0$。则对于期望终端财富最大化目标模型的最优解为：

$$x_t^* = \frac{\varepsilon^*}{\|\theta\|_T}(\sigma_t \sigma_t^T)^{-1}(b_t - r_t e) \in A \quad (6.24)$$

其中，

$$\varepsilon^* = \|\theta\|_T + C_a + \sqrt{(\|\theta\|_T + C_a)^2 - 2k}$$

C_a 为标准正态分布的 a 分位数，而相应的最优期望相对终端财富（即安全第一准则下的多期动态投资组合模型）为：

$$E(W_T) = W_0 \exp\left(\varepsilon^* \|\theta\|_T + \int_0^T r_t d_t\right) \quad (6.25)$$

相应的 $P(W_T \leqslant C) = a$。

以上多期动态投资组合模型求解过程如下：

由于 $E(W_T) = \exp\left(\int_0^T \xi_t d_t\right)$，所以求解期望终端财富最大化目标模型转化为求解 $\max\limits_{x \in A}\left(\int_0^T \xi_t d_t\right)$。

Subject to：

$$\int_0^T \left(\xi_t - \frac{1}{2}\|\delta_t\|^2\right)d_t + C_a \sqrt{\int_0^T \|\delta_t\|^2 d_t} - \ln C + Y_0 \geqslant 0 \quad (6.26)$$

即求解

$$\max_{\varepsilon \geqslant 0} \max_{x \in A_\varepsilon} \int_0^T x_t^T (b_t - r_t e) d_t + \int_0^T r_t d_t \quad (6.27)$$

Subject to：

$$\int_0^T x_t^T(b_t - r_t e)d_t - \frac{1}{2}\varepsilon^2 + C_a\varepsilon - k \geqslant 0 \quad (6.28)$$

也可转化为求解

$$\max_{\varepsilon \geqslant 0} \varepsilon \|\theta\|_T + \int_0^T r_t d_t \quad (6.29)$$

Subject to：

$$-\frac{1}{2}\varepsilon^2 + (\|\theta\|_T + C_a)\varepsilon - k \geqslant 0 \quad (6.30)$$

其最优解为：

$$\varepsilon^* = \|\theta\|_T + C_a + \sqrt{(\|\theta\|_T + C_a)^2 - 2k} \quad (6.31)$$

最优值为：

$$\varepsilon^* \|\theta\|_T + \int_0^T r_t d_t \quad (6.32)$$

ε^* 使得约束条件 $P(W_T \leqslant C) = a$ 成立。如果将 ε^* 的值代入式 (6.25)，则得到最优期望相对终端财富为：

$$E(W_T) = W_0 \exp\left(C_a \|\theta\|_T + \|\theta\|_T^2 + \int_0^T r_t d_t\right)$$
$$+ \sqrt{(\|\theta\|_T + C_a)^2 - 2k} \quad (6.33)$$

根据以上模型求解结果可知，对于同一灾难性水平 C，给定的 a 越大，即风险越大，C_a 越大，对应的 ε^* 越大，从而投资于风险资产的比例越大，最优期望终端财富 $E(W_T)$ 也越大。对于同一风险水平 a，给定灾难性水平 C 越大，对应的 ε^* 越小，从而投资于风险资产的比例越小，最优期望终端财富 $E(W_T)$ 也越小。

只有当给定的灾难性水平 C 满足条件：

$$\|\theta\|_T > |C_a|, \quad (\|\theta\|_T + C_a)^2 - 2k \geqslant 0,$$

第6章 投资性外汇储备资产的多目标优化

$$\|\theta\|_T \leqslant |C_a|, \quad k \leqslant 0$$

则安全第一准则下的期望终端财富最大化目标模型才存在最优解。

6.3.4 最优化模型求解

将构成金融安全储备的货币类资产看成是无风险或低风险资产,则 r_s 可视为常量。货币类资产的风险主要为汇率风险,但考虑到金融安全储备中的资产均为短期流动性资产,且在考察期内不断被消耗和补充,汇率更新频繁,且中央银行可以通过掉期等协议固定汇率,消除汇率风险,由此可以合理假设金融安全储备中的货币类资产为无风险或低风险资产,则 $r_w \sim N(s * r_s + (1-s) * E(r_p), (1-s)^2 \mathrm{var}(r_p))$。

如图 6.2 所示,出发于纵轴上的 $(0, r_s)$ 点与第一步求解出的有效边界相切的直线构成新的有效区域的左边界;该点与有效边界的最大均值点连接的直线构成右边界;由于本模型假设不允许卖空,新的有效区域的上边界由上述切点右端的原有效边界构成。$\sigma(r_w) = (1-s) * \sigma(r_p)$。$\Pr(W_1 < C) \leqslant \alpha$ 相当于:

$$E(r_w) + F^{-1}(\alpha) * \sigma(r_w) \geqslant \frac{C - \Delta W}{W_0} - 1 \quad (6.34)$$

其中,$F(\cdot)$ 为 r_w 的概率累积分布函数。因 α 为极小概率,我们估计 $F^{-1}(\alpha)$ 应为负值。随着对 α 的要求增加,表示对灾难发生可能的容忍程度降低。

其中,切线斜率求解如下:

$$\mu = \sqrt{d * \sigma^2 - d/c} + a/c \quad (6.35)$$

$$\mu = K * \sigma + r_s \quad (6.36)$$

求解得出 $K=\sqrt{c*(r_s-a/c)^2+d}$,切点 A 坐标为:

$$\left(\frac{\sqrt{c*(r_s-a/c)^2+d}}{a-c*r_s},\frac{a}{c}+\frac{d}{a-c*r_s}\right) \quad (6.37)$$

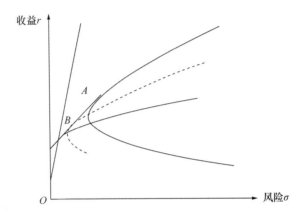

图 6.2 有效边界图

假定 $a/c>r_s$,即风险资产有效边界的最小方差点收益大于无风险资产收益。

因为 $E(r_p)>r_s$,$E(r_w)$ 是 s 的减函数,而 s 有 $s\geqslant C_s/W_0$ 这个硬约束,因此可以推知,若存在满足安全第一约束的最优解,该最优解 s^* 必定满足 $s^*=C_s/W_0$。将其代入能得到最优解集:

$$\mu=\sqrt{d*\sigma^2-(1-s^*)^2*d/c}+(1-s^*)*a/c+s^**r_s$$
$$(6.38)$$

相对原有效边界,最优解集表现为上部边界曲线曲度收窄,且向左下方移动,直线段距离变短至新切点。上部边界斜率逐渐减小,至无穷处达到最小值 $\sqrt{d}$。新切点 B 的坐标为:

第6章 投资性外汇储备资产的多目标优化

$$\left[(1-s^*) * \frac{\sqrt{c*(r_s - a/c)^2 + d}}{a - c*r_s}, s^* * r_s \right.$$
$$\left. + (1-s^*) * \frac{a}{c} + \frac{(1-s^*)*d}{a - c*r_s} \right] \qquad (6.39)$$

因此,最优化相当于求解安全第一条件与最优解集的交点:

$$\mu = \sqrt{d \times \sigma^2 - (1-s^*)^2 \times d/c} + (1-s^*) * a/c + s^* \times r_s$$
$$= \frac{C - \Delta W}{W_0} - 1 - F^{-1}(\alpha) \times \sigma \qquad (6.40)$$

将 $(1-s^*) \times a/c + s^* \times r_s$ 记为 H,$\frac{C - \Delta W}{W_0} - 1$ 记为 J。在图上表示,H 即为最优解集线上的最小方差点的纵坐标,J 为安全第一约束线的纵截距。

得到二次方程式:

$$(d - F^{-1}(\alpha)^2) \times \sigma^2 + 2 \times (J - H) \times F^{-1}(\alpha) \times \sigma$$
$$- (1-s^*)^2 \times d/c - (J-H)^2 = 0 \qquad (6.41)$$
$$\Delta = (J-H)^2 + (d - F^{-1}(\alpha)^2) \times (1-s^*)^2/c \qquad (6.42)$$

6.3.5 分类讨论求解

在图6.2中,安全第一约束线与切线 $\mu = \sqrt{c*(r_s - a/c)^2 + d} + d \times \sigma + r_s$ 存在交点,其横坐标为

$$\frac{J - r_s}{\sqrt{c*(r_s - a/c)^2 + d} + F^{-1}(\alpha)} \qquad (6.43)$$

$$J = r_s \qquad (6.44)$$

安全第一约束线的斜率为 $-F^{-1}(\alpha)$。分别对 $-F^{-1}(\alpha) > k$,

$-F^{-1}(\alpha)=k$ 和 $-F^{-1}(\alpha)<k$ 三种情况进行分类求解。①

若 $-F^{-1}(\alpha)\leqslant\sqrt{d}$,由图 6.2 可见,新有效集上的点右端都在安全第一约束线的上方,最优点理论上应为其中的最大值。

$$J \geqslant H \qquad (6.45)$$

若 $-F^{-1}(\alpha)\leqslant\sqrt{d}$,则安全第一约束线与曲线段没有交点,说明新的有效集中没有满足安全第一约束的配置,外汇储备规模严重低于需求。

若 $-F^{-1}(\alpha)\leqslant\sqrt{d}$,则由图 6.2 可见,新有效集上的点右端在安全第一约束线的上方,最优点理论上应为其中的最大值。

综合上述讨论结果,我们可以得到以下结论:

当 $-F^{-1}(\alpha)\leqslant\sqrt{d}$ 时,所有情况中,除 $J\geqslant H$ 时,新有效集曲线段的右端在安全第一约束线的上方,这表示极端风险配置反而是安全的。而这在实际中是几乎不可能出现的结果,因此本书对此不进行讨论。

最优解的分析结果随着 J 的变化而不同。$J=\dfrac{C-\Delta W}{W_0}-1$。在 W_0 给定的情况下,随着 C 的增加、ΔW 的降低,J 上升,安全第一约束线向上移动。

6.3.6 最优化影响因素分析

1. 灾难容忍度 α

对 α 的选择体现了管理当局对于风险的容忍度,它直接影响的

---

① 限于篇幅,分类求解的详细过程省略。

第6章 投资性外汇储备资产的多目标优化

是安全第一约束线的斜率。风险容忍度越低,α 越高,从而 $-F^{-1}(\alpha)$ 越大,安全第一约束线就越陡峭。

考虑 J 与 H 和 r_s 之间的相对大小关系,最优解在相应范围内随着安全第一约束线斜率的变化而不同。当 $J = r_s$ 时,$-F^{-1}(\alpha)$ 从 $\sqrt{d}$ 逐渐增大,会导致最优解中托管基金的配置逐渐从高风险向低风险移动;当 $-F^{-1}(\alpha)$ 增加至高于 $\sqrt{c*(r_s-a/c)^2+d}$ 后,安全第一准则要求将所有外汇储备以无风险资产持有,即分配给托管基金进行风险投资的比重为 0。

当 $J < r_s$ 时,$-F^{-1}(\alpha)$ 从 $\sqrt{d}$ 逐渐增大,同样会导致最优解中托管基金的配置逐渐从高风险向低风险移动;当 $-F^{-1}(\alpha)$ 增加至高于 K_d 后,托管基金的配置构成不再变化,即所谓的市场组合。而斜率再增加会导致最优配置中分配给托管基金的资金比重降低,将更多资产配置成无风险资产。

当 $r_s < J < H$ 时,$-F^{-1}(\alpha)$ 从 $\sqrt{d}$ 逐渐增大,也会导致最优解中托管基金的配置逐渐从高风险向低风险移动;当 $-F^{-1}(\alpha)$ 增加至 $\sqrt{\dfrac{c*(J-H)^2}{(1-s^*)^2}+d}$ 后,会出现无最优解的情况,即当前所有可能的配置都不能满足安全第一的要求。

当 $J \geqslant H$ 时,$-F^{-1}(\alpha)$ 大于 $\sqrt{d}$,也无最优解。

2. 安全储备 C_s

其中的主要组成部分用来满足预防性需求、短期到期外债偿付需求、FDI 利润回流需求等,以保证支付的高流动性。这部分储备在考察期内会作为资金逐渐被支付出去,波动不算大,受季节性影响,基本趋势可以预测。同时,在对前一部分进行最保守测算的基础之上，在金融安全储备中还增加一部分预防性资产作为安全垫付。一是出于预防性动机，缓冲一部分 ΔW 和进口支付等基本需求的预期外冲击；二是可以避免考察期内，由于前一部分和 ΔW 资金流入之间流动性匹配和规模差距导致的，由盈余储备被迫向金融安全储备转化而产生的过大转换成本。后一部分金融安全储备应与 ΔW 的波动方差成正比。随着国际资本流动的复杂化和我国对外贸易形势的结构性调整，相对于以往，应适时增加该部分金融安全储备的比重，以达到缓冲的效果。

3. 外汇储备增量 ΔW

外汇储备增量主要表现为贸易顺差缩小或逆转，资本流入骤停的发生对最优结果的影响。基本模型中设定为外生变量，取决于国家的宏观经济政策，且基本上保持总量的稳定和货币比重的稳定。资本流入骤停的发生可能导致资本项目净流入额大幅逆转，从而使 W_1 小于灾难水平 C 的概率增加。在此基础上可以改善 C 的定义，使其包含资本流入骤停可能发生的规模和概率。C 本身和经常项目的波动性成正比关系。

4. 灾难性水平 C

和 ΔW 一样，灾难性水平直接影响安全第一约束线的截距。C 的增加表示对外汇储备需要的提高，安全第一约束线整体上移，反映到结果上，则从图6.2中可以看到，最优配置会从高风险向相对低风险配置。

5. 外汇储备总规模 W_0

安全第一模型与经典二次型效用函数 $U = E(r_w) - A * \sigma^2(r_w)$ 最优化的区别在于前者更为直观，避免了抽象的风险厌恶指标判定，能

第6章 投资性外汇储备资产的多目标优化

更准确地分析各因素变动对最优解的影响。此外,当总规模变大,C_s 和 C 相对不变时,安全第一模型相对配置更大比重的风险资产,而二次型效用忽略了总规模变化的影响。

6.4 数值模拟

我国外汇储备币种结构中,美元资产占据绝对大的份额,外汇储备深受美国市场波动影响。对适当减持美元资产,分散币种配置的理论和数据检验均有丰富的研究文献探讨,因此本书的数值模拟部分主要聚焦于探讨投资工具结构的变化,且以持有最大份额的美元资产为例。但考虑到金融危机对美元资产收益率的影响颇大,为了更全面和准确地刻画金融危机的影响,本书选取 2006 年至 2015 年的 10 年数据,其中包括 2008 年金融危机对各类资产收益率的影响情况。这样使数值模拟更接近现实,也更能说明外汇储备对维护金融安全的重要性。目标模型如下:

$$\max E(r_w) = s * r_s + (1-s) * E(r_p) \tag{6.46}$$

Subject to:

$$\Pr(W_1 < C) \leqslant \alpha \tag{6.47}$$

$$s \geqslant C_s / W_0 \tag{6.48}$$

6.4.1 托管基金的有效边界模拟

首先对托管基金的有效边界进行数值模拟。我国持有的美元储备资产主要包括国债、机构债、公司债和股票四种类型。图 6.3 为 2005 年 12 月 31 日至 2015 年 12 月 31 日 10 年的美元标的资产名义收益率变化情况,其中短期国债采用三个月期国债收益率,长期国债采用10年期国债收益率作为代表,企业债采用AAA公司债收益率,而机构债由于数据来源的限制,本书根据王永中(2011)的数据处理方法,用美国20年期地方政府债券利率来代替。此外,由于地方政府债券是利息收入免税的,在10%的利息税条件假设下,将20年期地方政府债券利率上调10%使其成为含税利率。股票收益率采用道琼斯工业指数计算而得。债券数据均为日收益率数据,来源于Wind数据库。它们的变化趋势如图6.3所示:

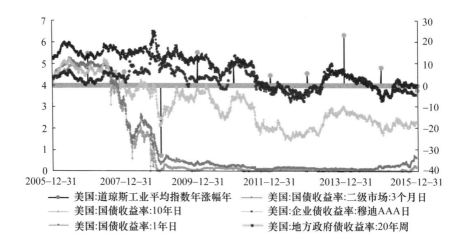

图6.3 标的资产收益率变化情况

使用Matlab软件可以得到托管基金的有效边界,如图6.4所示。

6.4.2 总模型参数设定和数据处理

我们对总模型的各参数选取代表变量并进行数据处理,数据均来源于Wind数据库和中国人民银行网站。

第 6 章 投资性外汇储备资产的多目标优化

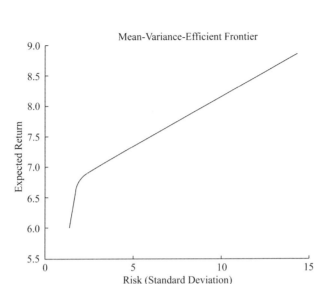

图 6.4 托管基金有效边界

(1) 金融安全储备 C_s。根据本书定义,该变量为满足包括商品贸易需求、预防性需求和外债偿付需求等商品交易和金融交易的外汇储备需求。由于当前交易性需求中最主要的成分是进口支付需求,因而代表变量选用我国三个月进口额数据,具体选取 2006—2015 年的月度进口额数据,求其算术平均值,并乘以 3。

(2) 金融安全储备收益率 r_s。根据本书定义,应为各储备货币按进口比重进行配置的相应无风险收益率。进口比重计算方法在理论模型中已有描述。各币种无风险收益率均采用三个月国债收益率代替,具体数据分别采用 2006—2015 年的日均年化收益率,求其均值,并按进口比重进行加权,得到总的收益率。

(3) 外汇储备总规模 W_0。该变量直接采用中国人民银行公布的外汇储备总规模数据,其中不包括黄金储备。该数据为2006—2015年12月底的时点数据平均值。

(4)灾难性水平 C。该变量的选取涉及整体下行风险的把握,非常关键。本书定义该水平为满足交易性、预防性和保证性需求的外汇储备水平。交易性需求可根据进口额和外债确定,预防性需求则可表示为与 ΔW 的波动相关。三种需求中,只有保证性需求最难量化,也无法根据各自需求进行加总。因此,本书从整体出发,根据文献综述中的最优化规则选用 GDP 的 9% 作为近似替代。该数据为2006—2015年第四季度末的时点数据平均值。

(5)灾难容忍度 α。该变量在 0 到 5% 之间变化,体现为对下行风险的忍受能力,因为外汇储备关系宏观经济稳定,因此对风险容忍度的限制比一般显著性检验中要求的更高。

(6)外汇储备增量 ΔW。该变量为经常项目和资本金融项目的差额之和,当前,我国这两项常呈现双顺差的局面。数据选用经常和资本项目季度平均差额,因为这项指标波动性较大,所以选择2006年到2015年的所有季度数据,求其均值。

以上各项指标参数可综合如表6.1所示:

表6.1 各项参数计算表

参数名称	参数代码	计算依据	计算结果
金融安全储备	C_s	根据定义选用3个月进口额	3 608.29亿美元,$S^* = 12.95\%$
外汇储备总规模	W_0	2006—2015年12月底的时点数据平均值	27 274.55亿美元
外汇储备增量	ΔW	经常和资本项目季度平均差额	945.93亿美元
灾难性水平	C	根据最优化规则选用9%GDP作为近似替代	6 276.6779亿美元(用即期汇率折算)

（续表）

参数名称	参数代码	计算依据	计算结果
灾难容忍度	α	灾难容忍度的限制较为严格,设定为在 0 到 5% 之间变化	0—5%
储备收益率	r_s	根据进口篮子货币比重计算;选取美元、欧元、日元三种货币,因欧元、日元所用范围有限,因此进口篮子比重分别设定为 80.32%、11.4%、8.28%。三种货币在过去 12 个月的平均无风险收益率分别为(以 3 个月国债利率计算)0.05%、0.09%、0.06%	0.0545%
截距	J	安全第一约束线的截距	−0.80

6.4.3 模拟结果分析

根据正态分布的一些基本数据的特征:正态分布函数曲线下 68.26% 的面积在均值左右一个标准差范围内,则左侧风险为 15.8%。95.45% 的面积在均值左右两个标准差的范围内,则左侧风险为 2.27%。99.73% 的面积在均值左右三个标准差的范围内,则左侧风险为 0.1%,在统计意义上已经足够小。因此,我们可以设定 $F^{(-1)}(\alpha) = E(r_w) - \theta\sigma[r_w]$。$\theta = \theta(\alpha)$,随着对 α 的要求增加,θ 在取值范围内增加,表示对灾难发生可能的容忍程度降低。由于 α 最高达到 5%,查阅标准正态分布表可得,θ 对应最小值约为 1.65,所以 $\theta \in [1.65, 3]$,对应不同 θ 值的金融安全约束下的有效边界如图 6.5 所示。

因此,安全第一约束线可以表示为:

$$\mu \geq \frac{\theta\alpha^2 + J}{1 + \theta} \qquad (6.49)$$

从图 6.5 的显示结果可看到,随着 θ 的增加,最优解向无风险方

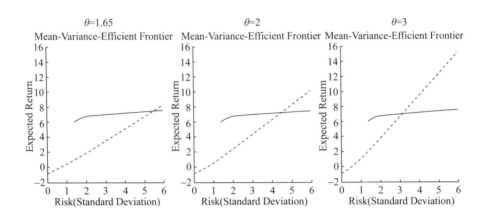

图 6.5 金融安全约束下的有效边界

向移动。当 $\theta=1.65$ 时，$\alpha=5\%$。我们可以根据图示估计最优配置的收益率近似为 7.5%，将其代入 Matlab 条件限制中，可以得到资产组合的近似最优配置权重，进一步计算整理得到金融安全储备的比例为 64.5%，主要用于满足商品交易和金融交易，从而维护我国的金融安全；国家利益储备的比例为 35.5%，主要用于支持国家发展战略和实现国家经济利益，这部分可通过建立多层次的主权财富基金来实现。因为主要是对结构配置改善方向进行分析，这部分对最优配置结果采用近似估计的方法，精确地求解可参考上文的理论模型。

对于预防性、保证性需求以及外生波动大小的不同理解，主要会影响安全第一约束线的截距。若在上述考虑基础上，增加保证性需求或对外生波动规模的预测，则 J 会增大，具体对收益和风险的影响是最优解向无风险方向移动，如图 6.6 清楚地显示安全第一约束线

的截距 $J=-0.8$,$J=1.8$,$J=3.8$ 时的均值方差有效边界。

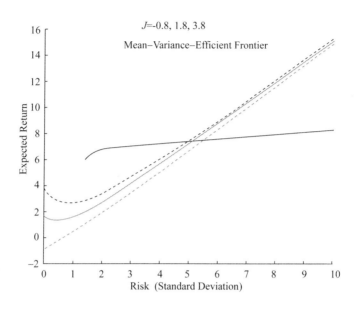

图 6.6 均值方差有效边界

6.5 本章总结

6.5.1 主要结论

总结本章,可得出以下主要结论:

(1)我国的外汇储备可划分为金融安全储备和国家利益储备。当前,我国外汇储备明显过剩,并面临较高的持有成本,可将外汇储备划分为交易性需求、预防性需求、保证性需求和投资性需求等层次,进而将外汇储备分为金融安全储备和国家利益储备两大部分。前者主要用于满足商品交易和金融交易需求,进而维护国家金融安全;而后者主要用于支持国家发展战略和全球投资,从而实现国家战略利益和经济利益。

(2)理论研究表明,基于安全第一准则的最优化资产配置模型能很好地解释外汇储备在维护国家金融安全中的重要作用。根据外汇储备总规模、金融安全储备要求、灾难性水平和灾难容忍度等参数,可反向测算出金融安全储备和国家利益储备的最优比例,进而测算出外汇储备的金融安全规模和国家利益规模。

(3)最优化配置模型求解以及数值模拟结果显示,65%左右的外汇储备配置为无风险或低风险资产,以满足金融安全需求。而35%左右的外汇储备资产可通过成立各种主权财富基金(如成立"丝路基金"、储蓄基金、战略发展基金)等方式来实现国家的战略利益和经济利益。

6.5.2 对策建议

基于上述分析,本书提出当前我国外汇储备优化管理的几点对策建议:

1. 充分发挥外汇储备维护金融安全、支持人民币国际化的特殊作用

本书认为,一国的外汇储备若能同时满足国际商品贸易、国际金融交易(包括维持本币汇率稳定和保证市场信心等)需求,该国一般不会发生对外支付危机和金融市场剧烈波动,也就是说,外汇储备充

第6章 投资性外汇储备资产的多目标优化

足的国家,发生主权信用危机的可能性很小,从这个角度可认为,该国的金融是安全的。因此,外汇储备在维护金融安全中的特殊作用已经被大多数国家所认识。特别是在国际金融危机频繁发生,传染力越来越强,以及我国加快金融开放,但人民币还不是主要国际储备货币的情况下,这种作用显得尤为重要,甚至不可替代。为此,在我国加快推进人民币国际化的过程中,应充分重视充足的外汇储备能提振国际市场信心和提供主权信用保证,进而支持人民币国际化方面的特殊作用,并最终维护国家的金融安全与稳定。

2. 对接国家战略,实现国家战略利益

我国经济正处于新一轮的转型发展时期,对外开放进一步深化,"一带一路"等全球发展战略正在实施。外汇储备作为国家金融资产,理应服务于国家重大经济发展战略,具体可根据各项战略实施过程中的实际外汇资金需求以及外汇储备战略投资部分的优化管理要求,支持国家"一带一路"战略,支持我国企业"走出去"和对外直接投资(OFDI)等,从而实现国家战略利益目标。所以,在我国经济新常态下,可充分利用金砖国家开发银行(金砖开行)和亚洲基础设施投资银行(亚投行)等国际金融机构,来参与我国长期性、战略性的外汇储备投资管理,实现国家战略利益。

3. 对经济利益储备投资组合进行管理,追求国家经济利益最大化

针对国家利益储备中的经济利益储备部分,应该进行更加积极的全球投资组合管理,追求国家长期经济利益最大化,具体可通过扩大外汇储备的投资范围和优化外汇储备的资产结构进行。一是可根据该部分资产配置的策略和目标,选择不同国家不同货币的金融资

产和非金融资产。二是丰富外汇储备资产类别的同时，优化资产结构权重。将外汇储备配置于股权资产、债权资产，以及房地产、对冲基金等另类资产，形成一个全球资产组合，并由专门的机构代表国家对资产组合进行优化管理，最终实现国家的长期经济利益。

4. 建立健全多层次的经营管理机构，推行外汇储备的基金化管理

建立合理高效的经营管理机构是外汇储备管理的组织保障，由于我国的外汇储备规模巨大，仅靠单一的机构管理外汇储备已经显得力不从心，管理效率也难以提高。我们建议，中央银行、外汇管理局、财政部、亚投行、金砖银行、国开行、主权财富基金公司等各部门共同参与我国的外汇储备管理。同时，各部门既要建立职责明确的风险承担机制，又要相互制约、相互监督和相互协调，共同进行外汇储备的全面风险管理。因此应对我国外汇储备的管理机构进行部门设置、职能定位等系统设计，建立健全多层次的经营管理机构。针对不同层次、不同目标的外汇储备资产要在统筹规划的前提下，进行分门别类的经营管理。同时，我们可针对实现国家经济利益部分的外汇储备，进行基金化管理，由几家基金公司进行市场化运作，以追求收益最大化为主要投资目标。

第 7 章 外汇储备风险管理策略及建议

本章根据各层次外汇储备资产的功能和特性,采取多目标的资产管理模式,建立多层次的经营管理机构体系,搭建多层次的投资服务平台,从而构建外汇储备资产的多目标、多层次的风险管理体系,为我国外汇储备资产的投资管理部门提供相关的对策建议。

7.1 外汇储备多目标、多层次风险管理策略体系

目前已有研究和现实中相关部门管理外汇储备存在以下问题:一是管理目标不明确,未能根据适度和超额外汇储备的管理目标和原则对二者实行不同的投资管理模式,从而使管理的效率相对较低。二是没有进一步提出深入的优化外汇储备应用的一些思路,特别是没有将超额外汇储备的各种资产组合以成立基金的形式作进一步的多样化配置。三是当前我国外汇储备经营管理机构设置不合理,职

能不清,职责不明,导致在外汇储备管理中协调不够。

事实上,在外汇储备管理中应遵循国家利益和金融安全原则,并将外汇储备划分为适度和超额两部分进行管理,实现超额外汇储备的基金化,同时通过建立多层次的外汇储备经营管理机构作为制度保障,从而构建多目标、多层次的外汇储备风险管理体系。因此,我们可从采取多目标的资产管理模式、成立多样化的主权财富基金以及建立多层次的经营管理机构几个方面构建外汇储备风险管理策略体系,可用图7.1表示:

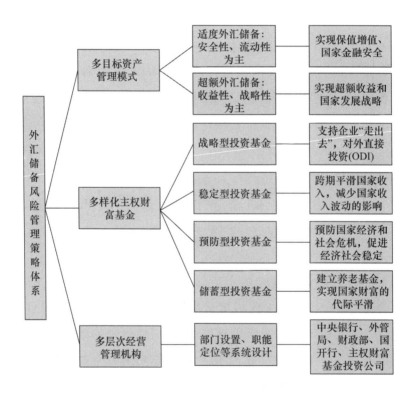

图7.1 外汇储备风险管理策略体系

第7章 外汇储备风险管理策略及建议

从图7.1可看出,我国外汇储备风险管理策略体系由多目标资产管理模式、多样化主权财富基金和多层次经营管理机构三个部分组成。

在当前我国持有高额外汇储备并面临较大风险的背景下,仅靠单一的机构(如国家外汇管理局)管理外汇储备已经显得力不从心,管理效率也难以提高。因此,针对不同层次、不同目标的外汇储备资产要通过统筹规划,进行分门别类的经营管理,同时通过建立合理高效的经营管理机构对外汇储备进行投资管理。在具体管理过程中,我们可根据各层次外汇储备资产的特性、投资管理模式和资产配置目标,尝试从以下三个方面对外汇储备进行投资管理和风险控制。

(1)采取多目标的资产管理模式

本书认为,随着外汇储备功能的演变,外汇储备不仅可以满足一国经济交易的需求,而且更重要的是它具有维护金融安全和实现国家战略利益的功能,所以,对外汇储备的管理应是多目标、多层次的。因此,我们应从适度和超额外汇储备两个层面进行管理。在外汇储备资产管理过程中,应对不同层次、不同目标的外汇储备资产实行不同的投资管理模式。在适度外汇储备资产的优化配置中,以追求资产的安全性和流动性目标为主,同时兼顾收益性目标,因此选择稳健的资产管理模式。而在超额外汇储备资产优化配置中,以追求资产的收益性目标为主,同时考虑国家发展战略目标(如经济结构调整、ODI和某些产业海外转移等目标),对该部分资产实行积极投资管理模式,进行全球分散化组合投资。

(2)成立多样化的主权财富基金

外汇储备的基金化是我国持有巨额外汇储备背景下的一种分散

化投资策略,也是通过超额外汇储备的管理实现国家利益的重要手段,因此应对其进行基金化的同时进一步进行多样化配置。基于外汇储备管理的国家利益原则,可将超额外汇储备的各种资产组合以成立基金的形式作进一步的多样化配置,如可成立战略型投资基金、稳定型投资基金、预防型投资基金以及储蓄型基金等。一是成立战略型投资基金,并用于支持国家的长期发展战略,具体可用于支持企业"走出去"、对外直接投资(ODI)等战略。二是成立稳定型投资基金,主要用于跨期平滑国家收入,减少因收入意外波动对国家经济和财政预算的影响。三是成立预防型投资基金,主要用于预防国家经济和社会危机,促进经济健康发展和社会稳定。四是成立储蓄型基金,主要是为了应对人口老龄化与自然资源匮乏导致的收入下降对国家养老金体系的挑战,并在代际间公平分配财富,以达到代际平滑国家财富,为子孙后代积累财富的目的。

(3) 建立多层次的经营管理机构

建立合理高效的经营管理机构是外汇储备管理的组织保障,由于我国的外汇储备规模巨大,仅靠单一的机构(如国家外汇管理局)管理外汇储备已经显得力不从心,管理效率也难以提高。因此,应对我国外汇储备的管理机构进行部门设置、职能定位等系统设计,建立多层次的经营操作机构和风险管理机构。针对不同层次、不同目标的外汇储备资产要在统筹规划的前提下,进行分门别类的经营管理。中央银行、外汇管理局、财政部、国家开发银行、主权财富基金投资公司等各部门既要建立职责明确的风险承担机制,又要相互制约、相互监督和相互协调,共同进行外汇储备的风险管理。

第7章 外汇储备风险管理策略及建议

7.2 结论及政策建议

7.2.1 主要结论

1. 我国高额外汇储备长期内不可持续

理论分析表明,决定我国高额外汇储备的主要因素有出口总额、外商直接投资、人民币汇率和人民币利率,而可持续性的决定机制是出口导向机制、长期利益分享机制和短期套利机制。而这三种机制的存在决定了我国高额外汇储备可持续性的短期波动和长期趋势。实证结果显示,出口是影响外汇储备可持续性直接的、短期的因素,外商直接投资和人民币汇率是外汇储备长期的决定因素,而人民币利率既是短期因素又是长期因素。从波动幅度看,进口和人民币利率的波动幅度最为明显,说明外汇储备对它们的敏感性较高,而外商直接投资和人民币汇率的波动相对较小。同时,短期内我国人民币升值预期还将存在,加之汇率和利率市场化改革的深化,都会引致国际资本的大量涌入,从而使外汇储备规模短期内保持较高的水平。从长期看,随着经常项目顺差的减少,外汇储备缺乏长期稳定的来源,人民币升值预期逐渐减弱,套利空间也随之缩小,加之 FDI 的投资收益率会随着我国经济增长速度的放缓而下降,资本金融项目对外汇储备的贡献度也随之降低,因此,从长期看,我国经常项目和资本金融项目的双顺差会减少,相应的外汇储备规模也会下降。

2. 各层次外汇储备之间具有明显的替代效应

研究发现，当外汇储备规模能同时满足两个或两个以上层次的外汇储备需求时，由于上一层次的外汇储备可以作为下一层次的"保证"，此时下一层次外汇储备的需求要比外汇储备只能满足本层次需求时要少，因此，当外汇储备充足时，各层次外汇储备之间存在明显的替代效应，而这种效应主要体现在上一层次对下一层次的替代上。正是由于这种替代效应的存在，外汇储备的最优规模必然小于静态规模，因此，外汇储备的最优规模并非是各层次外汇储备需求的简单加总，而应充分考虑这种替代效应。为了研究各层次外汇储备之间的替代效应，本书构建了一个基于多层次需求的外汇储备理论分析框架，并提出了动态外汇储备规模的概念。同时，尝试性地将外汇储备的静态规模和动态规模分别作为外汇储备最优规模的上限和下限，设定了最优外汇储备规模区间。并认为，当我国的外汇储备实际规模超过静态规模时就存在超额外汇储备规模，当我国的外汇储备实际规模低于动态规模时则外汇储备规模不足，这时的外汇储备就不是最优的。

3. 我国当前的外汇储备明显过剩

通过对我国外汇储备动态规模影响因素的实证研究，结果表明，影响我国外汇储备规模的因素主要有全年进口额、累计外债余额、外商投资累计余额、外汇市场交易量以及持有外汇储备的机会成本等；同时，检验结果也表明，本书构建的外汇储备最优动态模型是合理的。通过对我国外汇储备的静态规模和动态规模的动态模拟，结果显示，我国实际外汇储备规模从 2001 年起已经开始超过这一期间的上限，特别是从 2005 年外汇体制改革以来，这种趋势更加明显，到

2013年底,外汇储备超额规模已达28 351.22亿美元,超越最优规模区间的上限。而2009年起最优外汇储备规模上下限的增幅明显放缓,从而外汇储备的超额规模不断扩大,预计这种趋势短期内还将持续。

4. 美元在交易性储备中的重要地位难以撼动,货币性存款和货币市场基金应是交易性储备的主要持有形式

交易性外汇储备资产最优币种结构的决定因素是进口贸易、外债支付、外商直接投资、汇率稳定以及预防性审慎动机。采用大量国内外实际数据的估计结果表明,交易性外汇储备资产的最优币种权重分别为美元69.28%、欧元17.54%、日元10.26%、英镑2.90%。可见,在我国交易性外汇储备资产币种结构中,美元具有举足轻重的地位。资产结构优化结果表明,在各币种准则下,美元、欧元和日元的最优资产配置应持有货币性存款和货币市场基金两种金融资产,而英镑只需配置货币性存款。资产结构权重的最终测算结果显示,货币性存款和货币市场基金两类资产的比例分别为44.57%和55.43%,这充分说明这两大类金融资产应该成为当前我国交易性外汇储备资产持有的主要形式。

5. 我国外汇储备应主要用于维护国家金融安全和实现国家利益

当前,我国外汇储备明显过剩,并面临较高的持有成本,可将外汇储备划分为交易性需求、预防性需求、保证性需求和投资性需求等层次,进而将外汇储备分为金融安全储备和国家利益储备两大部分,并分别对它们进行优化管理,前者主要用于满足国家金融安全的需求,而后者主要用于支持国家战略,实现国家经济利益和战略利益。

理论研究表明,基于安全第一原则的最优化配置模型能很好地解释外汇储备在国家金融安全中的重要作用,根据外汇储备总规模、金融安全储备要求、灾难性水平和灾难容忍度等参数的不同,可测算出外汇储备的金融安全规模和国家利益规模,并分别对它们进行动态优化。通过对最优化配置模型求解,结果显示,65%左右即2.1万亿美元的外汇储备配置为无风险资产,以满足金融安全需求。而35%左右的外汇储备可通过成立各种主权财富基金(如成立"丝路基金"、储蓄基金、发展基金)等方式来实现国家的战略利益和经济利益。

7.2.2 政策建议

1. 应充分发挥高额外汇储备维护金融安全的作用

随着我国经济增长方式的转变以及金融开放的进一步加快,外汇储备规模会发生明显的变化。一方面,随着经济增长方式由出口导向型向内需拉动型转变,长期以来通过扩大出口产生贸易顺差,并由此获得大量经常项目顺差而增加外汇储备的基础已逐步消失,因此,经常项目下稳定的来源会受到影响,对外汇储备的贡献度也会相应下降。另一方面,随着我国金融开放的深入,特别是资本项目的进一步开放,在套利动机的驱使下,会有大量国际资本流入,资本金融项目对外汇储备的贡献度会增加,但这种来源不太稳定,甚至会产生金融风险。因此,在外汇储备管理中,应稳定外汇储备的来源和质量,实现保值增值目标,并充分发挥其维护金融安全的功能。

2. 减少对外汇储备的主动干预,对外汇储备进行积极管理

我们认为,目前,我国外汇储备达到了历史的最高水平,虽然在

第 7 章　外汇储备风险管理策略及建议

短期内还会持续,但从长期来看难以持续。一是在当前全球金融危机对世界经济的冲击下,我国的出口将会下降,从而导致经常项目的顺差减少;二是人民币升值压力不断加大,今后人民币可能持续升值,这也会使我国的出口下降,从而减少外汇储备。当然,人民币升值预期的存在可能会吸引短期投机性资本涌入,增加资本金融项目的顺差,从而增加外汇储备,但由此增加的外汇储备是短期的和不可持续的。因此,我们并不主张对外汇储备规模进行"主动"的干预,以人为的方式强制性地降低外汇储备规模,而最重要的是加强外汇储备管理,使外汇储备保值增值。同时,积极把握我国高额外汇储备规模的历史机遇,充分发挥外汇储备的特殊作用,确保我国的金融安全。

3. 在交易性外汇资产配置中,既要将其分散化,又不宜过度分散化

首先,由于交易性外汇储备资产具有功能演变和多层次需求的特征,因此,在对交易性外汇储备资产进行管理时,应根据其功能、管理目标和原则进行分门别类的管理。其次,由于在我国交易性外汇储备资产币种结构中,美元具有举足轻重的地位,因此,我国目前的最优持币结构还应采取以美元为主,欧元、日元为辅,英镑作为补充的持币策略。最后,由于货币性存款和货币市场基金两类资产的比例分别为 44.57% 和 55.43%,这充分说明这两大类金融资产应该成为当前我国交易性外汇储备资产持有的主要形式。因此,在交易性外汇储备资产优化配置中,既要对储备资产进行分散化,又不宜过度分散化。

4. 充分发挥外汇储备维护金融安全和实现国家利益的特殊作用

首先,随着外汇储备功能从满足主要基本交易需求逐步向主要满足金融安全需求转变,外汇储备在维护金融安全中的特殊作用已经被大多数国家所认识,而且这种作用是不可替代的,特别是在世界金融危机频繁发生,传染力越来越强,以及我国加快金融开放的情况下更是如此。因此,应充分发挥外汇储备的特殊作用,维护国家的金融安全与稳定。其次,在我国经济新常态下,我国经济正处于新一轮的转型期,外汇储备作为国家金融资产,应将其服务于国家经济发展,并通过优化外汇储备结构,支持国家"一带一路"战略,支持我国企业"走出去"、对外直接投资以及促进人民币国际化,从而保障国家金融安全和实现国家战略利益目标。在此,外汇储备可充分利用金开行和亚投行等来实现上述功能。最后,丰富外汇储备中的币种构成,降低美元资产的比重。由于目前我国持有巨额美元资产,剧烈变动是不现实的。降低美元比重是长期而缓慢的过程,除了通过国际金融市场进行公开操作外,也可与其他经济体进行储备资产交换。后者若操作得当,既能改善储备资产结构,又能有效保值。另外,丰富外汇储备的资产类别构成,适当增加对股权、企业债券等资产的配置;同时增加非金融资产的比重(如房地产等),从而实现国家经济利益。

5. 优化外汇储备管理机构,通过主权财富基金方式进行市场化管理

在保证金融安全的前提下,原则上中央银行应该管理外汇储备,但主要由外汇管理局来操作。虽然成立了中投公司等机构来经营一

第 7 章 外汇储备风险管理策略及建议

部分外汇储备,但因为不具有独立性,造成该部分外汇储备因涉及负责的部门利益未能实现市场化效率。因此,应将外汇储备管理一分为二,一部分由央行通过国家外汇管理局运作,而其他部分则可委托更加独立的主权财富基金进行动态管理,或可通过发行国债来购买外汇储备,将其转移出央行资产负债表的方式来厘清管理权力。同时,通过主权财富基金进行市场化管理的外汇储备比重也应适当增加,这符合外汇储备管理的国际经验和发展趋势。

参 考 文 献

一、中文部分

[1] 艾之涛,杨招军.基于 VaR 方法的我国外汇储备币种结构风险分析[J].经济数学,2010,27(2):81—85.

[2] 巴曙松,朱元倩.基于可加模型的外汇储备影响因素的实证分析[J],金融研究,2007,(11):1—12.

[3] 陈克宁,陈彬.主权财富基金的透明度与信息披露[J].证券市场导报,2011,(5):17—22.

[4] 陈建国,谭戈.国际储备结构的决定:均值—方差方法[J].广东金融,1999,(8):15—17.

[5] 陈文政.中国外汇储备最优规模的再思考[J].上海经济研究,2009,(9):3—9.

[6] 陈雨童,周光友.基于多因素 VAR 模型的外汇储备预测与分析[J].统计与决策,2013,(13):149—150.

[7] 陈湛匀.人民币升值压力下的外汇储备适度规模研究[J].管理世界,2006,(5):142—143.

[8] 成为,王碧峰,何青,杨晓光.基于风险—收益模型的外汇储备币种结构的多因素分析[J].管理评论,2013,(2):19—28.

[9] 邓长春.我国外汇储备有效管理分析[J].管理世界,2016,(5):170—171.

[10] 冯科.我国外汇储备问题研究[J].南方金融,2007,(11):31—33.

[11] 高丰,余永达.中国外汇储备对经济的影响及适度规模分析[J].金融与经济,2003,(6):11—15.

[12] 宫健,高铁梅,张泽.汇率波动对我国外汇储备变动的非对称传导效应——基于非线性 LSTARX-GARCH 模型[J].金融研究,2017,(2):84—100.

[13] 谷宇.金融稳定视角下中国外汇储备需求的影响因素分析——兼论外汇储备短期调整的非对称性[J].经济科学,2013,(1):47—59.

[14] 管于华.论我国外汇储备的适度规模——兼谈我国外汇储备资料的统计口径错位[J].统计研究,2001,(1):25—30.

[15] 邹宏元,袁继国,罗然.最优外汇储备币种结构选择研究[J].管理世界,2010,(6):169—170.

[16] 韩立岩,魏晓云,顾雪松.中国国际储备战略调整方向[J].中国软科学,2012,(4):18—24.

[17] 韩立岩,魏晓云,尤苗.外部冲击下外汇储备与主权财富基金的最优配置[J].系统工程理论与实践,2012,(3):664—672.

[18] 何帆.谁来管理中国的外汇储备[N].21世纪经济报道,2007-02-05(24).

[19] 何帆,张明.外汇储备的积极管理:新加坡、挪威的经验与启示[J].国际金融研究,2006,(6):4—13.

[20] 吉翔,陈曦,夏圆圆.基于战略视角的中国外汇储备多层次使用研究[J].经济问题,2013,(2):53—57.

[21] 姜波克,任飞.最优外汇储备规模理论的一个新探索[J].复旦学报(社会科学版),2013,(4):10—16.

[22] 姜昱,邢曙光.基于DCC-GARCH-CVaR的外汇储备汇率风险动态分析[J].财经理论与实践,2010,31(2):16—20.

[23] 金雪军,刘春杰.对我国外汇储备适度规模模型的讨论[J].数量经济技术经济研究,2000,(11)

[24] 孔立平.全球金融危机下中国外汇储备币种构成的选择[J].国际金融研究,2010,(3):64—72.

[25] 孔立平.基于因素分析法的我国外汇储备适度规模研究[J].哈尔滨金融高等专科学校学报,2009,(1):5—8.

[26] 孔立平,富月.外汇储备币种结构优化配置实证研究——基于因素分析法[J].新金融,2017,(3):29—33.

[27] 李超,周诚君.中国流动性过多与外汇储备累积[J].金融研究,2008,(12):37—46.

[28] 李石凯.外汇储备vs外债:其实我们"脱贫"没多久[J].经济导刊,2006,(10):78—81.

[29] 李巍,张志超.一个基于金融稳定的外汇储备分析框架——兼论中国外汇储备的适度规模[J].经济研究,2009,(8):27—36.

[30] 李雪莲.中国外汇储备的风险规避及管理转型[J].改革,2008,(7):62—69.

[31] 李仲飞,姚京.安全第一准则下的动态资产组合选择[J].系统工程理论与实践,2004,(1):41—45.

[32] 刘斌.外汇储备变化的实证分析[J].经济评论,2003,(2):114—117.

[33] 刘澜飚,张靖佳.中国外汇储备投资组合选择——基于外汇储备循环路径的内生性分析[J].经济研究,2012,(4):137—148.

[34] 刘莉亚,任若恩.我国外汇储备适度规模的测算分析[J].财贸经济,2004,(5):61—68.

[35] 刘艺欣.论我国外汇储备规模的适度性[J].当代经济研究,2006,(4):56—59.

[36] 刘媛俊.汇率制度对我国外汇储备、物价水平和实际有效汇率关系的影响[J].商情,2012,(20):67.

[37] 刘自强.我国外汇储备增长过猛的原因及其对策[J].金融研究.1984,(1):39—40。

[38] 鲁万波,陈雷,石旻.安全第一准则下的改进型保险资金投资组合研究[J].管理工程学报,2017,(1):149—154.

[39] 罗素梅,陈伟忠.中国外汇储备的多层次动态优化配置策略[J].上海金融,2012,(12):44—47,121.

[40] 罗素梅,张逸佳.中国高额外汇储备的决定机制及可持续性研究[J].数量经济技术经济研究,2015,(4):38—53.

[41] 罗素梅,张逸佳.中国高额外汇储备可持续吗?[J].国际金融研究,2015,(4):22—33.

[42] 罗素梅,陈伟忠,周光友.货币性外汇储备资产的多层次优化配置[J].数量经济技术经济研究,2013,(6):19—35.

[43] 罗素梅,赵晓菊.超额外汇储备的多目标优化及投资组合研究[J].财经研究,2015,(1):107—117.

[44] 满向昱,朱曦济,郑志聪.新兴市场国家外汇储备适度规模研究[J].国际金融研究,2012,(3):40—47.

[45] 马杰,任若恩,沈沛龙.外汇储备结构调整的非线性规划数学模型1[J].信息与控制,2001,(4):352—355.

[46] 毛中根,段军山.FDI投资收益汇出与潜在国际收支危机的理论及经验分析[J].国际金融研究,2005,(3):45—51.

[47] 梅松,李杰.超额外汇储备的宏观风险对冲机制[J].世界经济,2008,(6):27—38.

[48] 曲良波,宋清华.中国外汇储备资产的币种结构、收益和风险分析[J].统计与决策,2012,(1):153—157.

[49] 曲强,张良,扬仁眉.外汇储备增长、货币冲销的有效性及对物价波动的动态影响——基于货币数量论和SVAR的实证研究[J].金融研究,2009,(5):47—60.

[50] 邵欣炜,张屹山.基于VaR的证券投资组合风险评估及管理体系[J].数量经济技术经济研究,2003,(12):66—70.

[51] 盛柳刚,赵洪岩.外汇储备收益率、币种结构和热钱[J].经济学(季刊),2007,(4):1255—1276.

[52] 盛松成."人民币升值中国损失论"是一种似是而非的理论——兼论我国外汇储备币种结构问题[J].金融研究,2008,(7):35—39.

[53] 盛松成,龙玉.我国外汇规模的合理规模与运用[J].中国金融,2017,(10).

[54] 史祥鸿.基于现行汇率制度的外汇储备规模研究[J].国际金融研究,2008,(7):75—80.

[55] 宋铁波,陈建国.当前我国外汇储备币种组合分析[J].南方金融,2001(4):11—13.

[56] 宋晓东,韩立岩.基于CVaR与矩匹配方法的外汇储备资产配置动态随机优化模型[J].管理评论,2011,(3):46—55.

[57] 谭跃,王佳讯.我国外汇储备适度规模的因素模型新论[J].管理世界,1999,(5).

[58] 汤凌霄,欧阳峣,皮飞兵.金砖国家外汇储备波动的协动性及其影响因素[J].经济研究,2014,(1):112—126.

[59] 陶凌云.中国外汇储备的结构性风险和规模适度性的分析[J].金融与经济,2007,(11):47—50.

[60] 陶士贵,吉莉.中国外汇储备的安全评估与预警指标体系研究[J].中国软科学,2013,(9):159—168.

[61] 滕昕.中国外汇储备的适度性研究[D].西北大学,2007.

[62] 王国林.我国外汇储备规模研究[J].当代财经,2003,(2):46—49,55.

[63] 王红夏.中国外汇储备适度规模与结构研究[D].对外经济贸易大学,2003.

[64] 王群琳.中国外汇储备适度规模实证分析[J].国际金融研究,2008,(9):73—79.

[65] 王秀国,周荣喜.安全第一准则下的动态投资组合[J].管理评论,2010,(12):20—27.

[66] 王铁山,郭根龙,冯宗宪.金融服务外包的发展趋势与承接

策略[J].国际经济合作,2007,(8):14—17.

[67] 王永中.中国外汇储备的构成、收益与风险[J].国际金融研究,2011,(1):44—52.

[68] 王毓槐.中国外汇储备来源结构性的分析[J].消费导刊,2006,(11):188—189.

[69] 王伟,杨娇辉,王凯立.风险敞口、国家异质性与合意外汇储备规则[J].世界经济,2018,(3).

[70] 王元龙.我国外汇储备合理规模的政策选择[J].财贸经济,2003,(7).

[71] 王晓雷,刘昊虹.论贸易收支、外汇储备与人民币国际化的协调和均衡发展[J].世界经济研究,2012,(11):29—37.

[72] 吴丽华.我国外汇储备适度规模的分析和测算[J].厦门大学学报(哲学社会科学版),2009,(2):81—87.

[73] 吴念鲁.加强我国外汇储备管理的探讨——兼论储备是否越多越好[J].国际金融研究,2003,(7):57—61.

[74] 武剑.我国外汇储备规模的分析与界定[J].经济研究,1998,(6):20—29.

[75] 谢平,陈超.论主权财富基金的理论逻辑[J].经济研究,2009,(2):4—17.

[76] 许承明,唐国兴.中国外汇储备非均衡对汇率影响的经验分析[J].世界经济,2003,(4):15—20.

[77] 徐明东.全球外汇储备激增与管理策略的国际比较[J].新金融,2006,(11):27—30.

[78] 许跃辉,陈春.我国高额外汇储备的来源结构及成因分析

[J].学术界,2008,(2):151—159.

[79] 严启发.东南亚国家外汇储备管理模式及其借鉴[J].经济前沿,2006,(1):29—33.

[80] 杨胜刚,龙张红.基于模糊决策理论的中国外汇储备币种结构研究[J].财经理论与实践,2009,(5):8—13.

[81] 姚东.加强外汇储备经营中的风险管理[J].中国外汇管理,1999,(4):34—35.

[82] 叶永刚,熊志刚.基于抵补风险的外汇储备适度规模研究[J].经济管理,2008,(6):49—54.

[83] 易江,李楚霖.用安全第一标准选择多期风险资产组合[J].管理工程学报,2001,15(3):60—62.

[84] 余湄,何泓谷.我国外汇储备的风险管理问题研究[J].中国管理科学,2013,(S1):231—236.

[85] 曾燕,黄金波.基于均值—AS模型的资产配置[J].管理科学学报,2016,19(2):95—108.

[86] 曾之明,岳意定.中国外汇储备风险及优化管理探讨[J].经济与管理,2010,24(4):65—70.

[87] 张斌,王勋,华秀萍.中国外汇储备的名义收益率和真实收益率[J].经济研究,2010,(10):115—128.

[88] 张斌,王勋.中国外汇储备名义收益率与真实收益率变动的影响因素分析[J].中国社会科学,2012,(1):62—75.

[89] 张海亮,吴冲锋,邹平.基于产业需求的外汇储备实物资产配置[J].财经研究,2009,(4):4—14.

[90] 张浩.中国外汇储备影响因素研究[D].南京财经大

学,2006.

[91] 张冀,王乐.基于数值模拟下的中国外汇储备潜在损失分析[J].财经研究,2011,(6):47—57.

[92] 张鹏.论中国外汇储备规模和增速的不合理性[J].财经研究,2003,(6):8—12.

[93] 张世贤,徐贤.我国主权财富基金的投资方向选择问题——基于国家利益原则的战略视角[J].中国工业经济,2009,(7):76—86.

[94] 周光友.电子货币发展对货币流通速度的影响[J].经济学(季刊),2006,(4):1219—1233.

[95] 周光友,罗素梅.外汇储备资产的多层次优化配置——基于交易性需求的分析框架[J].金融研究,2014,(9):18—33.

[96] 周光友,罗素梅.外汇储备最优规模的动态决定——基于多层次替代效应的分析框架[J].金融研究,2011,(5):29—41.

[97] 周光友,赵思洁.外汇储备币种结构风险测度及优化[J].统计研究,2014,(3):68—75.

[98] 周光友,罗素梅.外汇储备最优规模的动态决定——基于多层次替代效应的分析框架[J].金融研究,2011,(5):29—41.

[99] 周丽.我国高额外汇储备管理问题研究[D],山东大学,2010.

[100] 朱孟楠,侯哲.中国外汇储备汇率风险损失区间测度——基于重新定义下的研究[J].财贸经济,2013,(8):58—66.

[101] 朱孟楠.中国外汇储备必须弄清楚的三大理论问题[J].经济研究参考,1997,(A1):32—35.

[102] 朱孟楠,陈晞,王雯.全球金融危机下主权财富基金:投资新动向及其对中国的启示[J].国际金融研究,2009,(4):4—10.

[103] 朱淑珍.中国外汇储备的投资组合风险与收益分析[J].上海金融,2002,(7):26—28.

[104] 邹全胜.国际货币兑换模型与中国外汇储备结构[J].国际贸易问题,2005,(10):112—116.

二、英文部分

[105] Adler M. and Dumas B. International Portfolio Choice and Corporation Finance:A Synthesis[J]. *The Journal of Finance*,1983,38:925—984.

[106] Agarwal J. P. Optimal Monetary Reserves for Developing Countries[J]. *Review of World Economics*,1971,107:76—91.

[107] Alberola,Enrique,A. Erce,and Serena J. M. International Reserves and Gross Capital Flows Dynamics[J]. *Journal of International Money & Finance*,2015,60:151—171.

[108] Aizenman J. and Lee J. International Reserves:Precautionary versus Mercantilist Views,Theory and Evidence. *Open Economies Review*,2007,18:191—214.

[109] Aizenman J.,Glick R. *et al*. Federal Reserve Bank of Sanfrancisco Working Paper Series Sovereign Wealth Funds:Stylized Facts about Their Determinants and Governance[J]. *American Economic Journal Economic Policy*,2008,4(3):251—282.

[110] Aizenman J. and Glick R. Sovereign Wealth Funds:Stylized

Facts about Their Determinants and Governance[J]. *International Finance*, 2009,12: 351—386.

[111] Aizenman J., Summers L. H. International Reserves in Emerging Market Countries: Too Much of a Good Thing?. Comments and Discussion[J]. *Brookings Papers on Economic Activity*, 2007, (1):56—79.

[112] Bahmani-Oskooee M. and Brown F. Demand for International Reserves: A Review Article[J]. *Applied Economics*, 2002, 34 (10): 1209—1226.

[113] Barnichon R. International Reserves and Self-Insurance against External Shocks[J]. *IMF Working Paper*, 2008, (149).

[114] Beck R. and Rahbari E. Optimal Reserve Composition in the Presence of Sudden Stops: The Euro and the Dollar as Safe Haven Currencies[J]. *ECB Working Paper Series*, 2008,(916).

[115] Ben-Bassat A. and Gottlieb D. Optimal International Reserves and Sovereign Risk[J]. *Journal of International Economics*, 1992, 33: 345—362.

[116] Bird G. and Rajan R. Too Much of a Good Thing: The Adequacy of International Reserves in the Aftermath of Crises[J]. *The World Economy*, 2003, 26: 873—891.

[117] Borio C., Ebbesen J., Galat G. and Heath A. FX Reserve Management: Elements of a Framework[J]. *BIS Working Papers*, 2009,(38).

[118] Borio,C., Galati. G. and Heath, A. FX Reserve Manage-

ment: Trends and Challenges[J]. *BIS Working Papers*, 2008, (40).

[119] Bortolotti *at el*. Sovereign Wealth Fund Investment Patterns and Performance[J]. *FEEM Working Paper*, 2009, (22).

[120] Britten Jones M. The Sampling Error in Estimates of Mean-variance Efficient Portfolio Weights[J]. *Journal of Finance*, 1999, 54: 655—671.

[121] Caballero R. and S. Panageas. A Global Equilibrium Model of Sudden Stops and External Liquidity Management[J]. *MIT Working Paper*, 2008, (5).

[122] Caballero, Ricardo J., Emmanuel Farm, Pierre-Olivier Gourinchas. An Equilibrium Model of 'Global Imbalances' and Low Interest Rates[J]. *American Economic Review*, 2008, 98 (1): 358—93.

[123] Calvo G. Capital Flows and Macroeconomic Management: Tequila lessons[J]. *International Journal of Finance and Economics*, 1996, 1 (3): 207—223.

[124] Calvo Guillermo A., Alejandro Izquierdo and Rudy Loo-Kung. Optimal holdings of International Reserves: Self-insurance Against Sudden Stop[J]. *NBER Working Paper*, 2012, (18219).

[125] Campbell, John Y. and Luis M. Viceira. Who Should Buy Long-Term Bonds[J]. *American Economic Review*, 2001, 91 (1): 99—127.

[126] Campbell, John Y., Yeung Lewis Chan and Luis M. Viceira. A Multivariate Model of Strategic Asset Allocation[J]. *Journal of Financial Economics*, 2003, 67 (1): 41—80.

[127] Carbaugh Robert J., and Liang-Shing Fan. *The International Monetary System: History, Institutions, and Analyses*[D]. University Press of Kansas,1976.

[128] Charles Nana Davies. Optimal Reserves in the Franc Zone: An Empirical Analysis [J]. *African Development Review*, 2012, 1: 1—17.

[129] Chen A. H. Y., Jen F. C. and Zionts S. The Optimal Portfolio Revision Policy [J]. *Journal of Business*, 1971, 44:51—61.

[130] Chen, Langnan, and S. Huang. Transmission Effects of Foreign Exchange Reserves on Price Level: Evidence from China[J]. *Economics Letters*, 2012, 117 (3):870—873.

[131] Chiou J. S., Hung J. C. and Hseu, Mei-Maun. A VaR Investigation of Currency Composition in Foreign Exchange Reserves[J]. *International Research Journal of Finance and Economics*, 2008, (21): 76—92.

[132] Chiu M. C. and Li D. Asset-liability Management under the Safety-first Principle[J]. *Journal of Optimization Theory and Applications*, 2009,143(3): 455—478.

[133] Dellas H., Yoo C. B. Reserve Currency Preferences of Central Banks: The Case of Korea[J]. *Journal of International Money & Finance*, 1991, 10(3):406—419.

[134] Dooley M. An Analysis of the Management of the Currency Composition of Reserve Assets and External Liabilities of Developing Countries[J]. *The Reconstruction of International Monetary Arrangements*,

New York:MacMillan, 1986:262—280.

[135] Dooley M., Lizondo J. S. and Mathieson D. The Currency Composition of Foreign Exchange Reserves[J]. *IMF Staff Papers*, 1989, 36(2):385—434.

[136] Dominguez, Kathryn M. E., Y. Hashimoto, and T. Ito. International Reserves and the Global Financial Crisis[J]. *Journal of International Economics*, 2012, 88(2): 388—406.

[137] Durdu C. and Mendoza E. Precautionary Demand for Foreign Assets in Sudden Stop Economies: An Assessment of the New Mercantilism[J]. *Journal of Development Economics*, 2009, 2: 194—209.

[138] Elbadawi I. A. The Sudan Demand for International Reserve: A Case of a Labour-Exporting Country[J]. *Economica*, 1990, 57(225):73—89.

[139] Eichengreen B. J., Mathieson D. J. *The Currency Composition of Foreign Exchange Reserves:Retrospect and Prospect*[M]. International Monetary Fund, 2000.

[140] Elias Papaioannou, Gregorios Siourounis. Optimal Currency Shares in International Reserves: The impact of the Euro[J]. *NBER Working Paper*, 2006, 12333(5): 1—55.

[141] Eun C. S. and Resnick B. G. Exchange Rate Uncertainty, Forward Contracts and International Portfolio Selection[J]. *Journal of Finance*, 1988, 43 (1): 197—216.

[142] Flanders M. June. The Demand for International Reserves.

University Microfilms International, 1971.

[143] Frenkel, Jacob A. The Demand for International Reserves by Developed and Less-Developed Countries[J]. *Economica*, 1974, 41(161): 14—24.

[144] Frenkel J. and Jovanovic B. On the Transactions and Precautionary Demand for Money[J]. *Quarterly Journal of Economics*, 1980, 90:80—95.

[145] Frenkel J. A., Jovanovic B. Optimal International Reserves: A Stochastic Framework[J]. *Economic Journal*, 1981, 91(362):507—514.

[146] Gabriele Galati. The Euro as a Reserve Currency: A Challenge to the Pre-eminence of the US Dollar [J]. *International Journal of Finance & Economics*, 2009, 1: 1—23.

[147] Gonçalo Pina, International Reserves and Global Interest Rates[J]. *Journal of International Money and Finance*, 2017, 74: 371—385.

[148] Gourieroux C. and Monfort A. The Econometrics of Efficient Portfolios[J]. *Journal of Empirical Finance*, 2005, 12: 1—41.

[149] H. M. Markowitz. Portfolio Selection[J]. *Finance*, 1952, 7:77—91.

[150] H. R. Heller. M. Knight. Reserve Currency Preferences of Central Banks[J]. *Essays in International Finance*, 1978, 131(10): 1—23.

[151] Hatase M. and Ohnuki. Did the Structure of Trade and For-

eign Debt Affect Reserve Currency Composition? Evidence from Interwar Japan[J]. *European Review of Economic History*, 2009, 13 (3): 319—347.

[152] Heller H. R. Wealth and International Reserves[J]. *Review of Economics and Statistics*, 1970, 52: 212—214.

[153] Heller H. R. Optimal International Reserves[J]. *Economic Journal*, 1966, 176: 296—311.

[154] Horii Akinari. The Evolution of Reserve Currency Diversification[J]. *BIS Economic Papers*, 1986, (18).

[155] Iyoha, Milton A. Demand for International Reserves in Less Developed Countries: A Distributed Lag Specification[J]. *Review of Economics & Statistics*, 1976, 58 (3): 351—355.

[156] Jaewoo Lee. Option Pricing Approach to International Reserves[J]. *Review of International Economics*, 2009, 17 (4): 844—860.

[157] Jeanne O. International Reserves in Emerging Market Countries: Too Much of a Good Thing[J]. *Brookings Papers on Economic Activity*, 2007, 38(1): 1—79.

[158] Jeanne O. and Ranciere R. The Optimal Level of International Reserves for Emerging Market Countries: A New Formula and Some Applications[J]. *CEPR Discussion Paper*, 2008, (6723).

[159] Jeanne, Olivier, and R. Ranciére. The Optimal Level of International Reserves for Emerging Market Countries: A New Formula and Some Applications[J]. *Economic Journal*, 2011, 121 (555):

905—930.

[160] Joshua Aizenman and Nancy Marion. The High Demand for International Reserves in the Far East: What is going on? [J]. *Japanese Int. Economies*, 2003, 17: 370—400.

[161] Kathryn M. E. Domingues. Do Sales of Foreign Exchange Reserves Lead to Currency Appreciation[J]. *Journal of Money, Credit and Banking*, 2013, 5: 867—890.

[162] Kathryn M. E. Dominguez, Yuko Hashimoto, Takatoshi Ito. International Reserves and the Global Financial Crisis[J]. *Journal of International Economics*, 2012, 88(2): 388—406.

[163] Kataoka S. On Stochastic Programming III: A Stochastic Programming Model. [J]. *Econometrica*, 1963, 31(1/2):181—196.

[164] Keynes J. M. *A Treatise on Money*[M], London: Macmillan, 1930, II.

[165] Keynes J. M. *Indian Currency and Finance*[M]. London: Macmillan, 1930, II.

[166] Knill, April M. Lee, Bong-Soo and Mauck. Nathan, Bilateral Political Relations and the Impact of Sovereign Wealth Fund Investment[J]. *Journal of Corporate Finance*, 2011, 18(1): 108—123.

[167] Kubelec C. and Sa F. The Geographical Composition of National External Balance Sheets: 1980—2005[J]. *Bank of England Working Paper*, 2010, (384).

[168] Levin A., Lin C. F., Chu C. S. J. Unit Root Tests in Panel Data: Asymptotic and Finite-sample Properties[J]. *Journal of*

Econometrics, 2002, 108(1):1—24.

[169] Li D. Chan T. F. and Ng W. L. Safety-first Dynamic Portfolio Selection [J]. *Dynamics of Continuous, Discrete and Impulsive Systems*, 1998, 4:585—600.

[170] Li D. and Ng W. L. Optimal Dynamic Portfolio Selection: Multi-period Mean-variance Formulation[J]. *Mathematical Finance*, 2000, 10: 387—406.

[171] Lowery, Clay. The Role of Sovereign Wealth Funds in the Global Economy[N]. Remarks at Barclays Capital's 12th Annual Global Inflation-Linked Conference, 2008, February 25.

[172] Lyons G. State capitalism: The Rise of Sovereign Wealth Funds [J]. *Journal of Management Research*, 2007, 7(3):119—146.

[173] Machlup F. The Cloakroom Rule of International Reserves: Reserve Creation and Resources Transfer[J]. *Quarterly Journal of Economics*, 1965, 79(3):337—355.

[174] Makin J. H. The Composition of International Reserve Holdings: A Problem of Choice Involving Risk[J]. *American Economic Review*, 1971, 61(5): 818—832.

[175] Marc Lavoie. A Study of the Diversification of China's Foreign Reserves Within A Three-country Stock-flow Consistent Model[J]. *Metroeconomica*, 2010, 3: 558—592.

[176] Markowitz H. Portfolio Selection [J]. *The Journal of Finance*, 1952, 7(1):77—91.

[177] Monk A. Sovereignty in the Era of Global Capitalism: the

Rise of Sovereign Wealth Funds and the Power of Finance[J]. *Environment and Planning A*, 2011, 43(8): 1813—1832.

[178] Obstfeld M., Shambaugh J. and A. Taylor. Financial Stability, the Dilemma, and International Reserves[J]. *NBER Working Paper*, 2008, (14217).

[179] Okhrin Y. and Schmid W. Distributional Properties of Portfolio Weights[J]. *Journal of Econometrics*, 2006, 134(1): 235—256

[180] Olivier Jeanne, Romain Rancière. The Optimal Level of International Reserves For Emerging Market Countries: A New Formula and Some Applications[J]. *The Economic Journal*, 2011, 121(555): 905—930.

[181] Ozan Sula. Demand for International Reserves in Developing Nations: A Quantile Regression Approach[J]. *Journal of International Money and Finance*, 2011, 30(5): 764—777.

[182] Papaioannou E., Portes R. and Siourounis G. Optimal Currencies Shares in International Reserves: The Impact of the Euro and the Prospects for the Dollar[J]. *ECB Working Paper Series*, 2006, (694).

[183] Petursson T. G. The Optimal Currency Composition of Foreign Reserves[J]. *IOES Working Paper*, 1995, (2).

[184] Pietro Cova, Patrizio Pagano, Massimiliano Pisani, Foreign Exchange Reserve Diversification and the "exorbitant privilege": Global Macroeconomic Effects[J]. *Journal of International Money and Finance*, 2016, 67:82—101.

[185] Pyle D. H., Turnovsky S. J. Safety-first and Expected Utility Maximization in Mean-standard Deviation Portfolio Analysis [J]. *The Review of Economics and Statistics*, 1970, 52(1): 75—81.

[186] Roger S. The Management of Foreign Exchange Reserve [J]. *BIS Economics Papers*, 1993, (38).

[187] Roland Beck, Ebrahim Rahbari. Optimal Reserve Composition in the Presence of Sudden Stops [J]. *Journal of International Money and Finance*, 2011, 30(6): 1107—1127.

[188] Roland Beck. Should Larger Reserve Holdings Be More Diversified [J]. *International Finance*, 2011, 3: 415—444.

[189] Ronald U. and Mendoza. International Reserve-Holding in the Developing World: Self Insurance in a Crisis-Prone Era? [J]. *Emerging Markets Review*, 2004, 5: 61—82.

[190] Ronald U. Mendoza. Was the Asian crisis a Wake-up call? Foreign Reserves as Self-protection [J]. *Journal of Asian Economics*, 2010, 21(1): 1—19.

[191] Roy A. D. Safety First and the Holding of Assets [J]. *Econometrica*, 1952, 20(3): 431—449.

[192] Telser L. G. Safety First and Hedging [J]. *Review of Economic Studies*, 1955, 23(1): 1—16.

[193] Triffin R. *Gold and the Dollar Crisis* [M], New Haven: Yale University Press, 1960.

[194] Tobin J., The Interest-Elasticity of Transactions Demand for Cash [J]. *The Review of Economics and Statistics*, 1956, 38(3):

241—247.

[195] Vesilind A., Kuus T. *Application of Investment Models in Foreign Exchange Reserve Management in Eesti Pank*[C]. Bank of Estonia, 2005.

[196] Victoria Barbary, Sovereign Wealth Fund Investment in 2010[R]. *Braving the New World*, May 2011.

[197] Wu Yi. A Study on Foreign Reserve Management of China: Optimal Currency Shares in Reserve Assets[J]. *International Management Review*, 2007, 3 (4): 69—79.

[198] Yin-Wong Cheung and Xing-wang Qian. Hoarding of International Reserves: Mrs. Machlup's Wardrobe and the Joneses[J]. *Review of International Economics*, 2009, 17(4): 824—843.

[199] Goncalo Pina, The Recent Growth of Iinternational Reserves in Developing Economies: A Monetary Perspective[J]. *Journal of International Money and Finance*, 2015, 58:172—190.

[200] Zhang Dewei *et al*. Liquidity Management of Foreign Exchange Reserves in Continuous time[J]. *Economic Modelling*, 2013, 31 (1): 138—142.

[201] Zhou G., Yan X., Luo S. Financial Security and Optimal Scale of Foreign Exchange Reserve in China[J], *Sustainability*, 2018, 10(5):1—19.